民族之魂

事必躬亲

陈志宏◎编著

延边大学出版社

图书在版编目（CIP）数据

事必躬亲 / 陈志宏编著 . —— 延吉：延边大学出版社 , 2018.4（2023.3 重印）

（民族之魂 / 姜永凯主编）

ISBN 978-7-5688-4519-9

Ⅰ.①事… Ⅱ.①陈… Ⅲ.①品德教育—中国—青少年读物 Ⅳ.① D432.62

中国版本图书馆 CIP 数据核字（2018）第 069096 号

事必躬亲

编　　　著：陈志宏

丛 书 主 编：姜永凯

责 任 编 辑：王　静

封 面 设 计：映像视觉

出 版 发 行：延边大学出版社

社　　　址：吉林省延吉市公园路 977 号　　邮编：133002

网　　　址：http://www.ydcbs.com　　E-mail：ydcbs@ydcbs.com

电　　　话：0433-2732435　　　　传真：0433-2732434

发行部电话：0433-2732442　　　　传真：0433-2733056

印　　　刷：三河市同力彩印有限公司

开　　　本：640×920 毫米　　　1/16

印　　　张：8　　　　　　　字数：90 千字

版　　　次：2018 年 4 月第 1 版

印　　　次：2023 年 3 月第 2 次印刷

ISBN 978-7-5688-4519-9

定价：38.00 元

人有灵魂，国有国魂；一个民族，也有民族魂。

鲁迅先生曾经说过："唯有民魂是值得宝贵的，唯有他发扬起来，中国才有真进步。"

鲁迅先生以笔代戈，战斗一生，曾被誉为"民族魂"。

民族魂，顾名思义，就是一个民族的灵魂！民族魂，是一个民族的精髓，体现了一种民族的精神，是一个民族生存和存在的精神支柱。

前 言

什么是中华民族的民族魂？那就是中华民族精神！它是中华民族凝聚力的理念核心，是中华文明传承的基因。它包含热烈而坚定的爱国情感，对生活的美好愿望和追求，为目标努力奋斗的拼搏毅力，为正义事业不惜牺牲自己的精神，以及正确的人生观和价值观。

翻开浩瀚的中国历史长卷，我们可以看到数不胜数的，体现民族精神和民族魂的英雄人物和可歌可泣的感人故事。

民族魂，不仅体现在爱国主义精神和行动中，而且体现在各个领域自强不息的民族奋斗中。而中华民族精神的力量，更是深深植根于延绵几千年的传统文化之中，始终是维系中华各族人民共同生活的纽带，是支撑中华民族生存和发展的精神支柱，是不断推动中华民族前进的强大动力。

民族魂体现在"重大义，轻生死"的生死观中；民族魂体现在"国家兴亡，匹夫有责"的使命感中；民族魂体现在"我以我血荐轩辕"的大无畏精神中；民族魂

体现在将国家利益置于最高的爱国情怀中！

纵观中华五千年文明史，曾经有多少杰出的政治家、军事家、思想家、文学家、科学家、艺术家；曾经有多少忧国忧民、鞠躬尽瘁的仁人志士；曾经有多少抗击外敌、英勇献身的民族英雄。他们或顺应历史潮流，积极改革弊政，励精图治，治国安邦，施利于民；或为人类进步而不断进行着农业、工业、科技、社会等各种创新；或开发和改造河山，不断创造着灿烂的中华文明；或英勇反击外来侵略，捍卫着国家主权和民族尊严；或坚决反对民族分裂，维护国家的统一……他们从不同的侧面，体现了中华民族的民族魂，谱写了几千年中华文明的壮丽诗篇，铸造了中华民族高尚而坚不可摧的"民族之魂"。

民族魂，就是爱国魂。从屈原在汨罗江边高唱的《离骚》，到文天祥大义凛然赴死前的"人生自古谁无死，留取丹心照汗青"的诗句；从岳飞的岳家军抗击入侵金兵，到郑成功收复台湾；从血雨腥风的鸦片战争，到硝烟弥漫的十四年抗战，再到抗美援朝的隆隆炮声……哪个为国捐躯的英雄不是可歌可泣的？

民族魂，就是奋斗魂。从勾践卧薪尝胆，到司马迁秉笔直书巨著《史记》；从鉴真东渡传播佛法终在第六次成功，到詹天佑自力更生建铁路；从袁隆平百次实验成为"水稻之父"，到屠呦呦的青蒿素获得诺贝尔奖……哪个不是历经艰难，最终取得成功？

民族魂，就是改革献身魂。从管仲改革到商鞅变法；从王安石变法到百日维新……哪次变法图强不是要冲破

民族之魂

旧势力的阻挠，或流血牺牲？

民族魂，就是创新魂。古有毕昇发明活字印刷，今有王选计算机照排；古有指南针、造纸术、火药、浑天仪、地动仪的发明，今有神舟号的相继飞天……哪个不是中华民族的智慧结晶？

自古以来，多少仁人志士为了维护人格的尊严和民族气节，以生命为代价！留下了"玉可碎不可污其白，竹可断不可毁其节"的称颂；有多少英雄豪杰，为理想和事业奋斗，面对死亡的威胁，大义凛然；有多少爱国壮士面对侵犯祖国的列强，挺身而出而献出生命。

伟大的中华民族孕育了五千年的辉煌，五千年的历史留下了璀璨的中华文明。

中国人的血脉流淌着顽强不屈的精神！我们的先辈用血汗和生命铸就了不朽的中华民族魂！换得如今中华大地的一片祥和安宁，换得我们现在的幸福生活。如今，我们要实现习近平主席提出的中国梦，依然需要我们秉承祖辈留下的这种"民族魂"。

青少年是国家的希望，亦是民族的未来。因此，爱国主义教育和励志图强教育要从青少年开始。为了增强对青少年的民族精魂和志向教育，我们精心编写了本套丛书——《民族之魂》丛书。

本套丛书将我国有史以来体现民族精神和民族魂的典型事迹，以通俗易懂的语言故事形式展现出来，适合青少年的阅读水平和欣赏角度。书中提供的人物和事件等故事，涉及社会的各个方面，有利于青少年学习和理

前 言

解，使读者能全方位地领悟中华民族精神。

　　为了帮助读者更好地理解和吸收故事的精神，编者在每篇故事后还给出了"心灵感悟"，旨在使故事更能贴近现实社会，让读者结合自身的需要学习领会，引发读者更深入的思考。

　　希望读者们可以从本套图书中获得教益，通过阅读，真正体会到中华民族之魂所在，同时能汲取其精华，不断提升自己各方面的素质和品格，为祖国新时代的建设和发展做出努力。

　　全套丛书分类编排，内容详尽，风格独具，是广大读者尤其是青少年爱国励志教育的优秀阅读材料。相信本套丛书一定可以成为青少年朋友的良师益友。

民族之魂

力，《说文解字》解为："筋也。象人筋之形。"《诗经·烝民》说："威仪是力。"力还有强的含义，《尔雅·释诂》有"戎事齐力"之说。

中华民族历来重视身体力行，有道是"一夫之不耕，则一家饥馁焉；一妇之不织，则一家寒冻焉"。在士大夫阶层也有"一室之不扫，何以扫天下"的训诫。力行，就是劳动，人应该勤劳，养成凡事亲自动手的好习惯，"纸上得来终觉浅，绝知此事要躬行"。"力行"也是实践，实践出真知，实践发展了人类社会，人类的文明就是一部"力行"史。神农尝百草，奠定了中医药学的基础；后稷植五谷，是中国农业社会的肇始。如果不是古圣先贤的事必躬亲、身体力行、勇于实践，就没有源远流长的中华文化：张骞寻路西域，完成对西南地区的开拓，成就了大中华统一的辉煌；玄奘取经译经三十八载，使佛教在中国发扬光大；徐霞客终生寻访名山大川，留下了名传千古的《徐霞客游记》。中华民族成事由力的信念深入人心，勇于实践的事例不胜枚举。

劳动创造社会财富，我们提倡成事由力，鄙视不劳而获和好逸恶劳；打击损人利己、违法乱纪等种种不法行为。只有人人都树立正确的"力行"观，社会财富才能不断积累和增加，社会风气才能不断净化。每个人的"力行"综合起来，必将成为社会发展的强大动力。

　　本书中，我们选取了一些奋发图强、成就大业的经典事例以馈读者，希望读者阅读此书后，能够从中受到启迪和有所受益。树立正确的劳动观念，任何事都通过自己的勤奋努力去获得，为自己的远大目标不畏艰险、努力付出，成就大业。

目录
CONTENTS

1

第一篇

有所付出有所得

赞宁知识广博

赞宁（919—1001），北宋僧人，佛教史学家，俗姓高，吴兴德清（今属浙江）人。后唐天成年间，他在杭州祥符寺出家。清泰初年入天台山受具足戒，精研三藏。后往灵隐寺，专习南山律。内学之外，兼善儒、老、百家之言，博闻强记，擅长诗文，为吴越王钱俶所敬，署为两浙僧统，赐"明义宗文大师"号。太平兴国三年吴越王钱俶降宋。宋太宗多次宣召，赐予赞宁紫衣及"通慧大师"号，入翰林院。六年，充右街副僧录。七年，奉诏回杭州编纂《宋高僧传》。淳化元年，任左街讲经首座，翌年，任史馆编修。至道元年，掌洛京（今河南洛阳）教门事。咸平元年，加右街僧录。次年，迁左街僧录。

赞宁是宋代研究佛教史的专家，此人不但精通佛学，而且无书不读，对书中所说凡是自己能实践的都亲身试一试，凡只看书不能明白的，都身体力行地在实际生活中或了解，或操作，直到弄明白为止，所以他学识广博、见识超群。

柳开是宋代的散文家，字仲涂。有一次，柳仲涂问赞宁："早

些年，我在扬州做地方官的时候，曾经遇到过这样的事情，一直困惑了我很长时间，直到现在，也仍旧想不明白，不知先生能否赐教？"

赞宁点了点头，说道："赐教谈不上，你可以先说来听听。"

赞宁说话不仅得体，而且还很谨慎。即使问题不能回答，也不至于让自己下不来台，这就是有进有退。

听了赞宁的话，柳仲涂很开心。他觉得，即使在赞宁这里得不到合理的解释，能与这样谦逊的人交谈，也是一件快乐的事情。

柳仲涂问："在扬州当地方官时，公堂后边有一个菜园子。只要遇到阴雨天，就会有青色的火焰出现，一旦靠近它就立刻散去了。这究竟是怎么回事呢？"

赞宁毫不犹豫地回答："这是磷火。或许是战争中死伤的人的血液或者牛马的血流到土壤里，时间长了就会有磷的聚集。磷在土壤中，即使历经千年，也不会散去。"

柳仲涂听后恍然大悟忙施礼感谢，对赞宁说："如你所说，我在那里的确发现了打仗用的兵器，或许那里真的就是古战场。"

柳仲涂为了感谢赞宁，专门写了首诗表达对他的敬意。他用晋代大学问家《博物志》的作者张华来比喻赞宁，诗中有这样的句子"空门今日见张华"，足见自己的敬意。

江南的徐知谔得到了一幅画，画中画的是一头牛。人们都说这幅画很神奇，究竟神奇在什么地方呢？白天观看这幅画时，画中是牛在地里悠闲地吃草的场景；到了夜里再看，不知怎么的，牛竟回到了牛栏之中，很安静地卧在那里。徐知谔觉得此画是件宝物，留在自己家中也不安全，还不如"借花献佛"，送给南唐后主李煜。这样既可讨好李煜，画也算找到一个好的归宿。

宋朝统一江南以后，李煜把此画献给了宋太宗。宋太宗对此画更是珍爱有加，将其挂在皇宫里。为了能够解开画的秘密，宋太宗特意找来群臣观看，帮助他拨开这层迷雾。满朝文武没有一个人能作出合理的解释，更有甚者说此画有"仙气"，这预示着国运昌盛，是万民之福。虽然宋太宗喜欢这样奉承的话，但还是希望能够得到更加合理的解释。

正在宋太宗一筹莫展的时候，赞宁给了宋太宗一个答案。

赞宁对宋太宗说："日本的南部海岛在退潮或者是海面下降的时候，滩涂会出现一种裸露在外边的碛石。碛石上面常常会找到蚌蛤，将蚌蛤蜡干以后，用它来调和颜色，涂在画上，白天看不见，晚上没有光亮的时候就显露出来了。"

赞宁接着说："相反，在沃焦山经常会出现大风天气，导致飞沙走石，有石头落在海岸。用这种石头染东西，白天能显现，夜晚就什么都看不见了。"

大臣们听到他的阐述，以为这简直是无稽之谈，根本不值得一信。

赞宁听了这样的话，辩驳说："这些知识，在张骞的《海外异物记》中有详细的说明。"

有人还是不信，就去检索三馆的书目，果真如赞宁所说，在六朝旧本中找到了相关的记载。

故事感悟

赞宁渊博的知识，来源于他平时的刻苦学习。从文中的两个例子就可以看出他知识广博，涉猎丰富，他的精神值得后人学习。

赵匡胤借道平荆湖

五代十国时期，割据政权很多，赵匡胤接受赵普"先南后北"的策略，决定先平定南方。

正当赵匡胤准备出兵的时候，湖南的武平节度使周行逢病故，其11岁的儿子周保权继位。大将张文表起兵反对周保权，占领了潭州（今湖南长沙），并准备进军武陵（今湖南常德）。周保权连忙向北宋和荆南的高继冲求援，荆南处在各割据国的包围之中，国势衰弱，兵力不足三万。于是赵匡胤便制定了取道荆南，攻占湖南，一举削平荆湖的战略方针。

963年初，宋将慕容延钊、李处耘率领十州兵马，进发荆南。临行前，赵匡胤对慕容延钊和李处耘说："出征湖南，必然要借道南平，南平国势卑弱，可顺便将其攻灭。"

两位将领领命向荆南进发，并派人先赴江陵向南平王高继冲假道。高继冲听后，立即召集部下商议。部下众说纷纭，拿不定主意。会议散后，便召叔父高保寅密商。高保寅说道："先准备牛羊、美酒，借犒师为名，探探宋营情况，再作决定。"高继冲说道："那就请叔叔走一趟了。"高保寅带着事先准备好的东西，前往荆门犒师。两位宋将热情接待高保寅。高保寅非常高兴，立即禀报高继冲，说宋军并无他意，只是借道而已。

当夜，宋军以精锐部队为先锋，由李处耘率领直奔江陵。高继冲得知，立刻来到城北7500米处迎接。与高继冲见面后，李处耘告诉他："慕容延钊将军还在后面，你可在这里等候。"说罢，自己就率领大军进入了江陵城。

不久，慕容延钊来到，高继冲恭恭敬敬地陪着入城。回到江陵，高继冲发现宋兵已经占领了江陵的大街小巷，这才明白大势已去，无可挽回，只得顺水推舟，将全境三州十六县，尽献给北宋。

宋军占领江陵后，继续进军湖南。湖南刚平定了张文表之乱，无力抵抗，也乖乖地向宋军投降。荆湖之地就这样全部纳入北宋版图。

赞宁的《笋谱》

　　《笋谱》是赞宁流传下来的一本杂著。其中分为五部分，"一之名"，也就是列举关于笋的各种名称，比如萌、竹胎、竹芽、竹子等。"二之出"，列举九十多种人们说到的笋。"三之食"，从食疗角度，说笋的好处坏处。以他的说法，苦笋倒比甜笋好，"甘多则损脾而逆胃，苦多则补肝而助胆"。吃笋之法，除蒸、煮羹外，就是在塘灰中煨，没什么新鲜。"四之事"，将历代有关人与笋的记录抄一遍。"五之杂说"，介绍自己搜集的说法，比如笋皮为扇，笋为何为龙孙、笋有五色等。

喻浩苦学长知识

喻浩（？—989），中国五代末、北宋初建筑工匠，又作预浩、俞皓、喻皓，五代时吴越国西府（今杭州）人。喻浩擅长造塔。宋初，他主持修建汴梁（今开封）开宝寺木塔。喻浩著有《木经》三卷，是中国古代重要的建筑学专著，在《营造法式》成书前曾被木工奉为圭臬。

喻浩是北宋初年浙江的一位著名建筑家。他擅长营造，特别擅长建宝塔，被誉为"造塔鲁班"。宋朝的大文学家欧阳修曾经称赞他说："国朝以来，木工一人而已。"还有一句民谣说："诗词数白公，造屋忆喻浩。"人们将他在建筑上的成就与大诗人李白在诗句上的成就相比，足以见他技艺之高。

喻浩从小就很喜欢做木工活。小时候常常到外面去捡些破木头，将它们做成小巧美观的家具、房子、塔等各种玩具。到了二十多岁，他的手艺已经很不错了，能够造厅堂、庙宇、亭台、楼阁。

当时，汴京城有一座相国寺，是唐代修建的著名建筑物。相国寺的楼檐造得非常精巧，一般人看后，赞叹一番也就罢了。喻浩为了弄清它的结构和建造技巧，经常仔细地观察研究。为了学会修造这种飞檐结构，他常常一个人跑到寺前去观察。

有一次，他来到相国寺，起初是站着看，累了就坐下来看，坐久了又躺下来看。他躺在门楼的地上仰视观察，足足躺了一个时辰。寺里的人误以为他是无家可归、栖身寺门的乞丐，拿起棍棒要赶他走。当有人认出他是大名鼎鼎的高手巨匠时，才消除了这个误会。

就这样，喻浩在相国寺外面边看边琢磨，接连看了许多日子，终于弄懂了其中的结构和奥妙，掌握了制造这种飞檐的技术。

不仅如此，为了钻研建筑艺术，他每到一地都要仔细研究当地的气候条件、风俗人情，作为设计工程的参考。所以他在建筑方面取得了很高的成就。

北宋建国初年，浙江一带仍存在着"十国"之一的吴越国。吴越国国王在国都杭州梵天寺建造了一座方形的木塔，叫梵天寺塔。当木塔初步建成时，国王就迫不及待地去登塔。走到第五层时，塔身突然摇晃起来。国王很害怕，停下脚步，并责问主持木塔施工的总司务。这位总司务非常紧张，又不知塔身摇晃的原因，只得对国王含糊其词地说："这个，恐怕是塔身很高，塔顶又没有盖上瓦片，上截轻了，所以摇晃起来。"

国王说："那好吧，等宝塔盖瓦封顶后，我与王后再来登临，那时候可不能再晃动了！"

宝塔全部完工后，建塔的总司务率领工匠们先登塔试验一下，发觉塔身仍然摇晃不已，偶尔一阵风吹来，晃动得更厉害了。怎么办呢？晃动着的宝塔不是要吓坏国王和王后吗？总司务冥思苦想也找不出解决的办法，于是就向喻浩请教。喻浩仔细听了总司务的叙述，说："好办，这个问题容易解决。""容易解决？"总司务奇怪起来："你还没登过塔，怎么就有办法了？您是不是应该去查看一下？"

"不用了，你照我说的去办吧。"喻浩说，"在宝塔的每一层铺上木板，用铁钉把木板钉住，这样塔身保证不晃动了。"

喻浩说得很有把握，总司务虽半信半疑，但是回去后仍然照他说的去办了。过了几天，塔身内各层都铺钉了一层木板，总司务带着几个人同时登塔，恰巧遇到当天有大风，塔身果然纹丝不动。由于铺上了木板，地面光滑洁净，登高远眺，着实令人心旷神怡。

为了设计各种样式的塔、楼、亭、阁，喻浩经常动脑筋，反复揣摩。每当夜晚睡到床上，他总把双手十指交叉起来放在胸前，不断变换各种形状，搭成建筑物的样子，并进行对比、归纳、取舍。

晚年，他又用了五年时间，完成了中国第一部关于木结构建筑的著作——《木经》，共三卷。他只读过三年书，是凭着勤奋钻研、不断实践的精神，完成这部专著的。

□ 故事感悟

喻浩成就显著，与其从小喜欢亲自动手做木工活有很大关系。经验和技艺来源于实践，正是之前无数次的实践让喻浩摸清了筑塔过程中的种种问题，进而解决问题时也就游刃有余。

□ 史海撷英

杯酒释兵权

宋太祖即位后，接受宰相赵普建议，解除武将兵权，以免重蹈晚唐、五代灭亡之覆辙。宋建隆二年（961年），太祖召侍卫马步军都指挥使石守信、殿前都指挥使王审琦等宿将饮酒，劝谕他们释去兵权，这是消除禁军将领发动兵变夺取政权而采取的重要步骤。宋开宝二年（969年），太祖又宴请节度使王彦超、武行德、郭从义、白重赞、杨廷璋，劝其罢镇改官，以消除藩镇割据的隐患。

《营造法式》

　　《营造法式》是中国第一本详细论述建筑工程做法的官方著作。对于古建筑研究，唐宋建筑的发展，考察宋及以后的建筑形制、工程装修做法，当时的施工组织管理，都具有无可估量的作用。书中规范了各种建筑做法，详细规定了各种建筑施工设计、用料、结构、比例等方面的要求。

　　全书共357篇，3555条，是当时建筑设计与施工经验的集合与总结，并对后世产生了深远影响。原书《元祐法式》于元祐六年（1091年）编成，但因为没有规定模数制，也就是"材"的用法，而不能对构建比例、用料做出严格的规定，建筑设计、施工仍具有很大的随意性。作者李诫奉命重新编著，终成此书。

李时珍认真考察得真知

李时珍年轻的时候，本来想走做官入仕的道路。但三次考试的失败和家乡父老的病痛，使他下决心承继父业，做一名救死扶伤、扶危济困的医生。

李时珍行医之后，苦心钻研古代医药理论，精心为病人施治，很快便声名鹊起，赢得了家乡父老的信赖。在大量的医疗实践过程中，李时珍发现，古代流传下来的医药典籍中虽然有许多精华，但有些典籍的谬误太多。如果陈陈相因，轻则拖延病症，重则误人性命，必须在实践中积累材料，纠正这些谬误。

李时珍家乡的山野中有三样特产，一名蕲竹，一名蕲艾，一名蕲蛇，其中蕲艾也是入药之物。李时珍的父亲李言闻曾写过一篇《艾叶传》，对蕲艾的生长特点及药理、药性做了详尽的记述。

李时珍对蕲蛇很感兴趣，也想仿效父亲写一篇《蕲蛇传》，记下蕲蛇的特征和药用功效。开始他只是从药贩处购买名为蕲蛇的白花蛇观察和入药。后来，渐渐感到这种买来的白花蛇和传说中的蕲蛇药效不甚一致。他下决心要弄清其中的原委，便亲自到蕲蛇产地——城北龙峰山识别白花蛇。

据当地人传闻，龙峰山的这种白花蛇，"其走如飞，牙利而毒"。若被此蛇咬伤，快则截肢，慢则顷刻丧命。但是，李时珍为了搞清白花蛇的真相，将自己的安危抛在九霄云外，毫不犹豫地登上龙峰山。在山上，他亲眼目睹了白花蛇吃石南藤的情景和当地人捕捉白花蛇的场面，亲眼目睹了捕蛇药农捕到蛇后，破腹去肠，洗涤干净，截头去尾，屈折盘起、扎缚烘干的过程，也终于搞清了药贩们出售的白花蛇是从长江南岸的兴国州捕来的。虽同为白花蛇，但和当地特产蕲蛇的花纹、药用功效大有不同之处。于是，他根据自己的考察，写下了《白花蛇传》。

通过这件事，李时珍更加认识到实践的重要性，决心游历天下，通过访问猎户、樵夫、药农等有实践知识的民众和亲自调查各地的药物，来丰富自己的知识，纠正药典记载的谬误。

25年后，李时珍正在审读《本草纲目》的稿件，他的四孙子李树本走上前来，递给李时珍一幅插图，说："爷爷，你看这幅白花蛇图是这样画吗？"

李时珍接过图纸一看，严肃地对树本说："图倒画得不错，但有两个重要的地方你疏忽了：一是蕲州产的白花蛇胁下有24块斜方格花纹，而你只画了20块；二是此蛇死后是睁着眼睛的，而你却将眼睛画成一条线。而这两点，恰恰是蕲蛇和外地白花蛇的不同之处啊！"

树本听了爷爷这一番话，不由得叹服爷爷的知识渊博和一丝不苟的敬业精神。

故事感悟

李时珍为了搞清白花蛇的真面目，验证书本记载，亲自上山观察白花蛇的体态和进食情况，记录了捕蛇过程中的每一个细节。这为后来编写《白花蛇传》提供了重要材料。其一丝不苟的敬业精神不仅是他一生的习惯，对后人求学做事等也都深有启发。

■ 史海撷英

李时珍戒食胡椒

明代医学家李时珍曾在《本草纲目》中写下这样一段话:"胡椒大辛热,纯阳之物……时珍自少食之,岁岁病目,而不疑及也。后渐知其弊,遂痛绝之,病目亦止。"

据说,李时珍年轻时经常患眼病,却始终找不出病因。后来渐渐发觉,年年复发的眼疾竟与自己平时特别爱吃胡椒有关。停食胡椒一段时间后,眼病康复了;但试吃了一两粒之后,很快又觉得双目干涩,视力模糊。为此,特在撰写《本草纲目》收录胡椒时予以指出,以示后人。

■ 文苑拾萃

白花蛇

白花蛇为蝰蛇科动物尖吻蝮(五步蛇)的干燥全体,主产于湖北、浙江、江西、福建等地。以条大、干燥、头尾齐全、花纹斑块明显者为佳。

小白花蛇又名金钱白花蛇、花蛇、小花蛇、百节蛇、银环蛇、金钱蛇、金钱蕲蛇,为眼镜蛇科银环蛇(银报应、寸白蛇、白菊花、断肌甲、多条金甲带、百节蛇、白节蛇、手巾蛇)的幼蛇。除去内脏,盘成圆形如钱大。功效与白花蛇相似,但用量较轻,主产于广东、广西等地。非白花蛇正品。以头尾齐全、干燥、色泽明亮、盘小者为佳。

蕲蛇片为五步蛇用竹片撑开后焙干者。

蕲蛇棍为五步蛇直接焙干者。

林则徐与"金锁铜关"

关天培（1781—1841），字仲因，号滋圃，汉族，江苏淮安府山阳县（今江苏淮安市淮安区）人，晚清爱国名将。鸦片战争中，在虎门抗英殉国。

天安门广场上的人民英雄纪念碑的四周，镶嵌着八幅巨大的汉白玉浮雕，再现了一百多年来中国人民反帝反封建斗争的几个壮丽画面，其中第一幅就是林则徐"虎门销烟"的壮丽场景。

林则徐不但以实际斗争谱写了一支中华民族抵抗外国资本主义侵略的序曲，而且在斗争中表现出远见卓识、统筹兼顾、身体力行的组织能力。

道光十八年（1838年），林则徐以湖广总督的身份上书道光皇帝，力主严禁鸦片。道光遂任林则徐为钦差大臣，节制广东水师，赴粤查禁鸦片。道光十九年（1839年），林则徐与两广总督邓廷桢合力严缉走私烟贩，惩处受贿官吏，迫令英美烟贩交出鸦片20820箱，合237万余斤，从农历四月二十二（6月3日）起，在虎门当众销毁。这就是历史上有名的"虎门销烟"。

林则徐清醒地意识到，销禁鸦片的行为触犯了外国帝国主义的利益，武装冲突在所难免，必须一手抓禁烟，一手抓防务，才能防患于未然。

在收缴鸦片将及尾声的时候，林则徐就移舟南山、横档一带浏览登眺。他在横档江面察看了木排铁链，又视察了威远炮台，巡视了刚竣工的靖远炮台，观看了从澳门购置的外国铜炮，并嘱咐弁兵严密管理，勤加检查，"若有寸铁脱节，一木离排，立刻即须修复，总使联成整片，百密不任一疏"。

虎门销烟时，林则徐在销烟池畔的棚厂接见了外国人。除了向他们表明中国禁烟运动的政策和决心之外，还向他们了解了英国海军的实力和装备情况。

虎门销烟后，林则徐在关天培等人的陪同下，又察看了虎门海岸的地形和防务，动员沿海民众和军队在虎门修筑了十大炮台，从而使虎门的防御体系成为三道防线。他还和邓廷桢一起发出告示，招募渔民和当地少数民族5000余人接受海军官兵的训练，利用他们惯于海上生活、熟悉洋人情况的特点，做海军的助手，必要时配合海军作战。林则徐认为，民间壮丁一经号召起来，就足以致来敌于死命。同时，林则徐还争取了澳门葡萄牙当局和从事正常贸易的外商，包括一部分英商，以孤立走私鸦片的英国商人，防止义律（英驻华第二商务监督）狗急跳墙。

林则徐在虎门销烟的前后，这样有远见地认识到人民群众在战争中的积极作用，并卓有成效地把民众组织起来，这在封建社会里确实是难得的。而后来的事态发展也果不出林则徐所料。销烟之后到鸦片战争，英舰曾七次在穿鼻洋挑衅进犯，都被打退了。鸦片战争开始后，中国军队仍然给予侵略者以沉重打击。英国侵略者是在几次碰壁后，才把战火烧向江浙一带和天津。虎门遂有了"金锁铜关"的美誉。后来三元里平英团曾作檄文斥责侵略者说："尔既妄称利害，何以不敢在林大人任内攻打广东？"这就很好地说明了林则徐倾力打造的防御体系的非凡作用。

"戈船横跨虎门东，苍莽坤维积气通。万里潮生龙穴雨，四周山响虎门风。"林则徐的好友邓廷桢写的这首咏虎门的诗，既描绘了虎门的险峻，也印证了林则徐在虎门销烟中的认真负责精神和雷厉风行的工作作风。

■故事感悟

林则徐是中国近代史上的民族英雄，他大义凛然的精神早已倾倒无数国人。而他为国为民认真负责、事必躬亲、细微严肃的办事作风更是我们应该学习和继承的。

■史海撷英

林则徐在江苏巡抚任上（一）

道光十二年（1832年）二月，林则徐调任江苏巡抚。从这一年起到道光十六年间，他对农业、漕务、水利、救灾、吏治各方面都作出过成绩，尤重提倡新的农耕技术，推广新农具。他在实践活动中认识到："地力必资人力，土功皆属农功。水道多一分之疏通，即田畴多一分之利赖。"林则徐这种农耕思想，是在实际考察中体验出来的。道光十三年（1833年），江苏出现水灾，林则徐不顾报灾限期和朝廷斥责，详尽陈述灾情，呼吁缓征漕赋，提出"多宽一分追呼，即多培一分元气"的请求，这对发展生产、苏息民困在客观上起了有利的作用。同时，他分析水灾原因是吴淞江、黄浦江、娄河及与之相表里的白茆河年久失修，逐年淤塞所致，于是决定兴修

白茆河、娄河，还修建海塘，这些在我国水利史上都有一定的地位。在这一时期，林则徐对清王朝的财经政策、贸易政策提出异议，反对一概禁用洋钱，并第一次委婉地向道光帝提出了一套自铸银币，建立本国银本位制度的主张。这既是中国近代币制改革的先声，也是适应政治经济形势变化，保护本国工商业者，保护民族经济独立发展，抵制西方资本主义经济侵略的先进思想。

□ 文苑拾萃

三元里

（清）张维屏

三元里前声若雷，千众万众同时来。
因义生愤愤生勇，乡民合力强徒摧。
家室田庐须保卫，不待鼓声群作气。
妇女齐心亦健儿，犁锄在手皆兵器。
乡分远近旗斑斓，什队百队沿溪山。
众夷相视忽变色，黑旗死仗难生还。
夷兵所恃惟枪炮，人心合处天心到。
晴空骤雨忽倾盆，凶夷无所施其暴。
岂特火器无所施，夷足不惯行滑泥。
下者田塍苦踯躅，高者冈阜愁颠挤。
中有夷酋貌尤丑，象皮作甲裹身厚。
一戈已舂长狄喉，十日犹悬郅支首。
纷然欲遁无双翅，歼厥渠魁真易事。
不解何由巨网开，枯鱼竟得攸然逝。
魏绛和戎且解忧，风人慷慨赋同仇。
如何全盛金瓯日，却类金缯岁币谋？

邓廷桢严格禁烟

邓廷桢（1776—1846），字维周，又字嶰筠，晚号妙吉祥室老人、刚木老人，江苏江宁（今南京）人。原籍江苏吴县，嘉庆六年（1801年）进士，选庶吉士，授编修，屡分校乡、会试，历任浙江宁波及陕西延安、榆林、西安诸知府，湖北按察使，江西布政使，陕西按察使等职。他于道光六年（1826年）任安徽巡抚，至道光十五年升任两广总督。他积极协助林则徐查禁鸦片走私，收缴鸦片，添置木排铁链，整顿海防，成为林则徐的亲密同僚。道光十九年十二月（1840年1月）调任闽浙总督，购洋炮，建炮台，招募练勇，出海巡缉，加强守备。1846年卒于任。善时文，尤精于音韵，著有《双砚斋诗钞》。

道光十五年（1835年），邓廷桢任两广总督时，鸦片早已由药材变为以走私买卖为主要形式的毒品，大量非法输入中国，造成国内烟毒泛滥，白银外流，严重危害着国计民生。

道光十六年（1836年），太常寺少卿许乃济的《鸦片例禁愈严流弊愈大应呕请变通办理折》正式提出了弛禁论主张，道光皇帝收到许乃济

的奏折后，特批给邓廷桢和广东巡抚祁贡、粤海关监督文祥议复。当时邓廷桢是同意弛禁主张的。但是，随着形势的发展，在鸦片贸易要导致民族危亡的严峻现实面前，特别是许乃济弛禁论遭到朱嶟、许球、袁玉麟等人的批驳和正义舆论的谴责后，在广东这个鸦片走私贸易首当其冲的关口，邓廷桢检讨了自己过去的弛禁主张，认真执行严禁政策。在经过一番调查研究后，他采取了一些断然措施，通过十三洋行总商伍崇曜通知英国商务监督，命令所有停泊在内洋、外洋的鸦片趸船必须全数返回，不得逗留，更不能进入广州港口。他还在广东厉行禁烟，先后破获走私鸦片案141起，收缴烟枪1万多杆，还将罪大恶极的烟贩押到外国商馆门前处决。这些措施在一定程度上打击了鸦片贩子的嚣张气焰。

邓廷桢认真组织广东的东、西、中三路水师加强海防。督促水师提督关天培在沙角设提督署驻守沙角，密切监视和控制中路海口，并与关天培涉海登山，周密设计虎门三道防线的建设。又明察暗访和封闭了数百个内地窑口，捕获走私和滞留在内河、内洋的船只，禁阻内地走私船和任何船只与那些长期停泊在内、外洋的鸦片趸船靠近，使英国鸦片趸船无法出售鸦片。

道光十八年闰四月（1838年6月），道光皇帝从封建统治的利益考虑，特别是看到林则徐在他的禁烟奏折里一针见血地击中要害以后，便决定采取严禁政策，任命林则徐为钦差大臣，赴广东查办鸦片。并命令邓廷桢和广东巡抚怡良等振作精神与林则徐和衷共济，协同办理。邓廷桢得知林则徐要到广东，十分兴奋。当林则徐在去往广东途中，邓廷桢写信给林则徐立誓"所不同心者有如海"，表示愿"合力同心，除中国大患之源"。

道光十九年正月二十五日（1839年3月10日），林则徐到达广州，开始禁烟。邓廷桢予以积极支持，和林则徐进行了密切配合，成为林则徐在广东推动禁烟的亲密合作者。他们在短期内缉拿了内地鸦片烟贩，查抄了窑口，打击和驱逐了武装鸦片趸船，在虎门亲自监督缴收了二万余箱、袋，二百多万斤重的鸦片。四月二十二日至五月十五日（6月3日至25日）在虎门海滩进行销毁，向全世界宣布中国禁烟的正义性。在虎门海防的建设中，邓廷桢经常陪同林则徐前往各海口视察、研究，提出建设性意见，相互配合得很好。

道光十九年十二月（1840年1月），清政府调邓廷桢任云贵总督，旋改调两江总督，尚未到任，又因陕西道监察御史杜彦士奏报福建禁烟和海防需加紧查办，改调邓廷桢任闽浙总督。并特派吏部右侍郎祁隽藻、刑部左侍郎黄爵滋查办，"并筹图防守事"。

邓廷桢由广东到福建，积极加强海防建设。他与祁隽藻、黄爵滋等根据福建海岸地形的特点，研究决定在厦门岛南部突出海面的胡里山建起一道高500丈的石壁，并于石壁后建筑营房和灵活实用的炮墩。在厦门岛安置了100门铁炮，又在对面的鼓浪屿、屿仔港等处安置160余门铁炮。还调动漳州、同安、兴化、延平陆路兵勇协同防守，大大提高了福建厦门岛一带的海防能力，把他从广东购置的14门洋炮也都用上了。英国侵略者称之为"长列炮台"。他们还制定了新的海防章程，责成水陆师共同负责，在海面夹攻或配合夹击来犯的英国武装商船和兵船，并围追堵截内地鸦片贩子，遏制他们与英国鸦片贩子进行勾结倒卖鸦片的活动。

在闽浙总督任内，邓廷桢鉴于福建、浙江军备松弛，防御能力单薄，海防不严，特下了一番大功夫进行整顿。抽调了熟悉海防形势、水性的水师官兵，又招募了大批水勇加强防范措施。他一边在泉州招募兵勇加强训练，一边注视着浙江海防的变化，并准备亲自前往浙江督战，以后因道光皇帝另派钦差大臣伊里布赴浙江办理军务而作罢。邓廷桢在

广东和福建查办鸦片，推动禁烟运动和建设海防方面都作出了成绩。然而，英、美鸦片贩子在其本国资产阶级政府支持下进行武装挑衅，蓄意破坏禁烟运动；加以国内投降派和内地鸦片贩子设置重重障碍，以致邓廷桢等未能达到杜绝鸦片贸易、根除鸦片输入的目的。

道光二十年九月初三（1840年9月28日），因为投降派的陷害，道光皇帝下令革了林则徐和邓廷桢的职，派琦善为钦差大臣并接替林则徐为两广总督，令邓廷桢立即由闽浙总督任内折回广东听候处理。轰轰烈烈的禁烟运动到此实已告终。

■故事感悟

邓廷桢在禁烟运动中积极配合林则徐，厉行禁烟，积极协助林则徐整顿防务，使英国侵略者在林邓任职期间无隙可乘，给中国人民抗击外来侵略的历史添上了浓重的一笔。

■史海撷英

林则徐在江苏巡抚任上（二）

道光二十年十二月十五日（1841年1月7日），义律突然袭击沙角、大角炮台，虎门第一道防线被突破。邓廷桢和林则徐此时虽都已被革职，但出于爱国之心，他们又亲自到两广总督署敦促琦善派兵支援，琦善竟以"无话商量"为由，对他们置之不理。

道光二十一年四月（1841年），道光皇帝对邓廷桢从重处理，发配伊犁以效力赎罪，直到道光二十三年（1843年）闰七月才被召回，赏三品顶戴任甘肃布政使，派他到银川、洮陇、酒泉等地勘察荒地。邓廷桢认真勘察，查出荒熟地1.94万余亩，番灵地1500余顷，宁夏马厂归公地100多顷。熟地升科，荒者招垦，被赏二品顶戴。

道光二十五年（1845年）调任陕西巡抚，署理陕甘总督，后又回任陕西巡抚。在此期间，他始终与林则徐保持着联系。

道光二十六年三月二十日（1846年4月15日）病死于任内，终年71岁。

■文苑拾萃

买陂塘·赎裘

（清）邓廷桢

悔残春，炉边买醉，豪情脱与将去。云烟过眼寻常事，怎奈天寒岁暮！寒且住！待积取叉头，还尔绨袍故。喜馀又怒。怅子母频权，皮毛细相，斗擞已微蛀。

铜斗熨，皱似春波无数，酒痕襟上犹浣。归来未负三年约，死死生生漫诉。凝睇处，叹毳幕氈庐，久把文姬误。花风几度？怕白袷新翻，青蚨欲化，重赋赠行句。

用生命跑出来的新闻

　　甘远志（1965—2004），男，汉族。四川省广安县人。1982年至1986年就读于四川大学中文系。毕业后任南充日报社编辑、记者。1994年至2001年在中国（海南）改革发展研究院《新世界周刊》社工作。2001年到海南日报社经济部工作。他因在采访时突发心脏病，牺牲在工作岗位上。

　　"我是记者，不下去跑，怎么出新闻？"

　　这是甘远志刚调到海南日报社理论评论部时，对同办公室的同事说的话。

　　之后，他就被派到了海南岛西部偏远的东方市驻站。当时东方市的记者站已近瘫痪，狭小的房间布满灰尘，没有电脑，没有交通工具，老式的空调"嗡嗡"作响。

　　但甘远志没有半点怨言，当时的东方市市委宣传部副部长符巍开玩笑地说："你在研究院已是副处级待遇了，还到我们这里来吃苦，图个啥？"

　　甘志远哈哈一笑说："当记者，天天接触新人新事，是个金不换的差使，美着呢！"

很快，甘远志就投入工作中，稿件频发。半年多时间里，写下了一大批脍炙人口的文章，如《小腌瓜挺进大市场》《台商巨资改造海防林》《把假干部通通清退》《"金大田"香蕉跑赢市场》等。

乘海南首列瓜菜列车千里跨越进西安是甘远志策划的最为满意的一次采访活动。他与报社摄影记者、海南电视台记者随车采访，每天两篇稿件。为了保证每天及时发稿，甘远志跟着火车节奏写稿，列车开动时，他就了解情况，列车途中停下时，他就赶紧写稿。8个大男人在不到20平方米的货车里待了7天7夜，到西安那天已经是下午两点钟，可甘志远饭都没有顾得上吃便全身心投入到写稿子上。

"当记者，就要为老百姓说话。"这是甘远志很看重的一条原则。他说，党报记者应该是党与人民之间的桥梁。在东方，当时市检察院的一位干部垄断了运输市场，石料运不进来，只能用他的车运，而且要高价，其他人拉石料，他就砸车打司机，工程面临停工。甘远志得知这件事后，立刻跟市委书记反映了这件事，回到海口又发内参，引起省政府的重视，派了专门调查组调查这件事；私彩泛滥时，他不顾个人安危，深入虎穴，大胆揭开了"保护伞"的秘密；当农机服务收费、中小学收费和农村供电收费乱象初显的时候，他以敏锐的洞察力，及时敲响了警钟。

2001年8月底9月初，连续的狂风暴雨使东方大地洪水肆虐。甘远志身披雨衣仍全身湿透，唯有笔记本紧紧揣贴在怀里。几天几夜，他与干部群众在一起吃快餐、啃馒头，现场采访写稿。他除按报社要求发了三篇稿件外，还采写了反响强烈的特写《为了11名民工的生命》《大坝上的9小时》和长篇通讯《洪流滔滔显本色》。

2002年后，被报社"拽"回到经济部工作的甘远志，还是本性难移，喜欢成天在外跑。他常对同事说："新闻，是跑出来的。"透过他的

报道，读者知道了粤海铁路开通、金海浆纸厂复工、南海油气发现、海南融入泛珠三角……甘远志的"跑劲"使他在海南新闻界出了名。

甘志远心脏不好，一次紧急采访，同事劝他不要去，但怎么拦都拦不住。他还是那句"不下去跑，怎么出新闻？"

就在那片土地上，甘远志从东方发回了他第一篇有分量的报道；也同是这片土地，他在东方发回他最后一篇稿件。

■ 故事感悟

甘志远，血凝著华章，他用生命实践着记者的诺言，记者的职责是哪里有新闻，都要冲到哪里去。这就是甘志远，用生命躬身践履的英雄模范。

■ 史海撷英

海南建省

海南岛是中国南海上一颗璀璨的明珠，是面积仅次于台湾岛的中国第二大岛。1988年4月13日，第七届全国人民代表大会第一次会议通过《关于设立海南省的决定》和《关于建立海南经济特区的决议》。1988年4月26日，中共海南省委、海南省人民政府正式挂牌，省会海口市，简称琼。从此，海南省成为我国最年轻的省和最大的经济特区，也是陆地面积最小、海洋面积最大的省。

■ 文苑拾萃

世界记者日

"世界新闻记者日"全称"国际新闻工作者团结日"。

1958年5月，为了表示对因从事争取和平和人民的相互了解而受迫害的新闻工作者的同情，国际新闻工作者协会在布加勒斯特举行的第四届代表大会上，通过了号召全世界的新闻工作者举行"国际团结日"的决议，并要求把这一天的全部工资或一部分工资捐作国际团结基金。

1985年6月26日，国际新闻工作者协会秘书处在会议上，确定每年的9月8日为"世界新闻记者日"，以此纪念1943年9月8日捷克斯洛伐克民族英雄、共产党员、新闻记者尤利乌斯·伏契克被德国法西斯杀害一事。希望借此唤起全世界的新闻工作者加强团结、努力工作，认真采写真实报道，揭露战争贩子的反动面目，及时报道事件发生的真相，打击坏人坏事，保卫世界和平。

这是他毕生的事业

邱式邦（1911—2010），出生于浙江省吴兴县，中国近现代农业昆虫学家。他曾任南京中央农业实验所技士，1951年英国剑桥大学研究生毕业，长期从事农业昆虫研究。20世纪70年代倡导对农业害虫实行综合防治，并重点开展生物防治的研究，创造出一套适合中国农村饲养草蛉的方法，为生物治虫创造了条件。他撰有《颗粒剂防治玉米螟的研究》《草蛉幼虫集体饲养方法研究》等九十余篇论文，著有《飞蝗及其预测预报》《让生物防治在综合防治中发挥更大的作用》等专著。

他毕生致力于农作物病虫害防治工作，服务于国家、服务于农民；他还发扬艰苦奋斗的精神，深入艰苦的蝗害灾区，开创了新中国的治蝗事业，使飞蝗首次得到了控制；他研究多种害虫，提出玉米螟虫防治技术和玉米抗虫性鉴定标准；他应用天敌控制虫害，倡导推动生物防治；他提出了我国植物保护科学工作的指导方针……他就是中国科学院资深院士、著名昆虫学家邱式邦。

邱式邦在大学期间，刚从美国康奈尔大学获得博士学位回国的刘廷蔚教授在生物系开设了普通昆虫学课程。在刘教授的影响下，邱式邦对昆虫学产生了浓厚的兴趣。当时校园里有许多海桐树，遭受吹绵蚧虫严重危害。邱式邦利用这个机会，对蚧虫进行了细心观察，刘廷蔚教授的实验室也成了他的养虫室。他利用业余时间，跑遍了当地的园林绿地，采集标本。

有一次，邱式邦在一家花木店的橱窗里发现一盆名贵热带植物上有蚧虫，便忍痛花两块大洋将花租回家仔细观察。当第一次看到蚧虫体内羽化出寄生蜂，发现自然界存在着益虫消灭害虫的现象时，他如获至宝。此后，他逐渐积累了上百片的蚧虫染色玻片和一些观察记录，并购置了一些参考书籍。尽管这些标本和资料在抗日战争中全部损失了，但它们已帮助这位青年初步树立了终生从事昆虫研究事业的志愿。

1936年春，邱式邦经人介绍到南京中央农业实验所病虫害系担任技佐。那时中山陵园的松毛虫为害十分严重，系主任吴福桢教授将研究松毛虫防治的任务交给了他。邱式邦白天带着干粮和饮水在山上调查和观察，晚上钻进图书馆学习直到闭馆。经过两年的努力，积累了不少有关害虫防治的资料卡片和摘录，研究工作也取得了进展。

抗日战争爆发后，中央农业实验所分散到各省建立工作站。邱式邦被分配到广西柳州沙塘，从此开始了长达七年的作物害虫防治研究。工作中既无助手，又无人指导，图书资料和设备极其缺乏。白天，他在南方烈日下的田间工作，被晒得浑身脱皮；晚上，又要在桐油灯下，汗流浃背刻苦学习研究。就在这样艰苦的条件下，他完成了玉米螟、大豆害虫、甘蔗棉蚜和松毛虫防治等17篇研究论文。

1946年，邱式邦回到南京中央农业实验所，承担了飞蝗防治的研究任务。在一年时间内，他研究出采用"六六六"毒饵治蝗的方法，并首创了"六六六"粉剂治蝗的技术，为中国治蝗工作开拓了新的途径。

与此同时，邱式邦对松毛虫的防治研究也倾注了很大精力。他针对松毛虫冬季有从针叶丛中爬到树干皮层隙缝中越冬的习性，设计了用自己配制的DDT液剂涂树干防治的方案，取得了显著的效果。

1948年，邱式邦取得了英国文化委员会的奖学金，1949年进入英国剑桥大学动物系学习。在V. B. Wriggleswoth教授指导下研究蝗虫生理，并与英国治蝗研究中心的B. P. Uvarov博士密切联系，学习国际治蝗经验。

1951年，邱式邦看到《人民日报》上登载了国内采用飞机喷洒"六六六"治蝗的消息，兴奋不已。他决心放弃在国外继续深造的机会，回国参加治蝗工作。同年10月，邱式邦回到祖国，受聘于华北农业科学研究所，从事治蝗的研究工作。他深入蝗区调查研究，取得了大量资料，提出了药剂治蝗、侦察蝗情等技术措施，为新中国有计划地采用现代化方法进行大面积治蝗工作创造了条件。

1959年，邱式邦又开始从事防治玉米螟的研究。他在河北、山东、山西玉米产区深入调查，创造了长效颗粒剂治螟的新技术，在生产上取得了显著效益。从20世纪70年代开始，邱式邦把主要精力集中到生物防治的研究上。在他的倡导下，1980年1月中国农业科学院成立了生物防治研究室，随后又创办了《生物防治通报》专业杂志，对推动中国生物防治工作作出了突出贡献。

□故事感悟

邱式邦将毕生的精力都投入生物研究当中，这种不怕苦、不怕累，为祖国建设奉献终生的精神值得学习。一个人，特别是知识分子，报效祖国可能有多种方式，但最好的方式莫过于发挥自己的专业特长，像邱式邦那样，在祖国需要的时候拿出自己的本领来。

邱式邦在防治玉米螟工作上的贡献

早在20世纪30年代，邱式邦就在广西进行了玉米螟的系统研究工作。邱式邦也是中国最早重视用抗螟品种来减轻螟害的科学家。他观察了41个玉米品种，发现品种间的抗螟能力有显著的差异。通过详细的观察，证明螟害轻重的程度与玉米生长状况（株高、茎粗）有显著的关系。因此，他认为用虫数的多少来衡量抗螟性是不准确的，主张用玉米螟生存率来作抗虫性的标准。后来，这一标准一直被抗性鉴定工作者所采用。经过两年的田间试验，肯定了5%的DDT和1%的林丹"六六六"颗粒剂的治螟效果。邱式邦关于玉米心叶末期为玉米螟防治适期的方法很快为广大群众所掌握，后来又进一步发展为"数叶片法"。这种方法简便，不需用水，还可不用器械散布，很快就得到推广，多年来一直是防治玉米螟的主要措施之一。

吴兴历史文化

吴兴自战国时期楚国春申君黄歇置县至今，已有二千三百多年历史，是闻名遐迩的东南望郡、历史名邑。吴兴也是新石器时代马家浜文化和良渚文化的重要发祥地之一，自古以来民康物阜，人杰地灵，素有"鱼米之乡，丝绸之府，文化之邦"的美誉。三国时期，"中国佛画之祖"曹不兴、元代书画家赵孟頫、明代文学家凌蒙初、清代法学家沈家本、辛亥革命烈士陈英士、中国导弹之父钱三强、海空卫士王伟等一批名人都诞生于此。

第二篇
勤奋创造奇迹

神农亲尝百草

神农氏是我国古代传说中的农业和医药的发明者，继伏羲以后，神农氏是又一个对中华民族贡献颇多的传奇人物。远古人类过着采集和渔猎的生活，神农氏发明制作木耒、木耜，教会人民农业生产。除了发明农耕技术外，他还发明了医术，制定了历法，开创九井相连的水利灌溉技术等。又传说他遍尝百草，发现药材，教会人民医治疾病。因为他发明农耕技术而号神农氏，因以火德王，故称炎帝、赤帝、烈（厉）山氏，则又成了与黄帝相争天下的首领。

上古时期，五谷和杂草都是生长在一起的，药物和百花都是开在一起的。哪些植物可以吃，哪些草药可以治病，很难分清。

人类都靠打猎和采集过日子。天上的飞禽越打越少，地下的走兽越打越稀，人们就只好饿肚子，越来越依靠采集。人类在采集的时候，由于分不清哪些东西能吃，哪些东西不能吃，所以很多人都会生病。谁要生疮害病，无医无药，不死也得脱层皮了。

老百姓生活在水深火热中，神农氏瞧在眼里，疼在心头。怎样给

百姓充饥？怎样为百姓治病？神农苦苦思索了很长时间。最后，神农决定，还是自己动手。他带着一批臣民从家乡随州历山出发，向西北大山走去。他们走了整整49天，终于来到一个地方。这里有狼虫虎豹，环境相当恶劣。面对这种险恶的处境，臣民们都劝神农回去。神农摇摇头说："不能回！黎民百姓饿了没吃的，病了没医的，我们怎么能回去呢？"

神农带着臣民们进了峡谷，来到一座大山脚下。他们又攀登木架上了山顶。山上真是花草的世界，红的、绿的、白的、黄的，各色各样，密密丛丛。神农欢喜极了，他叫臣民们防着狼虫虎豹，他亲自采摘花草，放到嘴里尝。为了在这里尝百草，为老百姓找吃的、找草药，神农就叫臣民在山上砍了些木材，编成篱笆，当作城墙防野兽，在墙内盖茅屋居住。后来，人们把神农住的地方叫"木城"。

白天，神农领着臣民到山上尝百草；晚上，叫臣民生起篝火，他就着火光把尝百草的体会详细记载下来：哪些草苦，哪些热，哪些凉，哪些能充饥，哪些能医病，都写得清清楚楚。

有一次，他把一棵草放到嘴里一尝，霎时天旋地转，一头栽倒。臣民们慌忙扶他坐起，他明白自己中了毒，可是已经不会说话了，只好用最后一点力气，指着面前一棵红亮亮的灵芝草，又指指自己的嘴巴。臣民们慌忙把那红灵芝放到嘴里嚼嚼，喂到他嘴里。神农吃了灵芝草，毒被解了，头不昏了，会说话了。从此，人们都说灵芝草能起死回生。臣民们担心他这样尝草太危险了，都劝他下山回去。他又摇摇头说："不能回！黎民百姓饿了没吃的，病了没医的，我们怎么能回去呢？"说罢，他又接着尝百草。

他尝完一山花草，又到另一山去尝，还是用木杆搭架的办法攀登上去。一直尝了49天，踏遍了这里的所有山岭。他尝出了麦、稻、谷子、高粱能充饥，就叫臣民把种子带回去，让黎民百姓种植，这就是后来的五谷。他尝出了365种草药，写成《神农本草》，叫臣民带回去，为天下百姓治病。

为了纪念神农尝百草、造福人间的功绩，老百姓就把神农尝百草的那片林海取名为"神农架"。

■故事感悟

如果不是有着事必躬亲、勇于实践的精神，神农氏怎么会有尝百草的勇气与决心呢？他为了臣民们能够好好生活，冒着生命危险也要亲自尝试，这种精神实在可贵。

■史海撷英

神农氏种五谷

据《拾遗记》记载，一天，一只周身通红的鸟儿衔着一棵五彩九穗谷在空中飞，掠过神农氏的头顶时，九穗谷掉在地上。神农氏见了，拾起来埋在了土壤里，后来竟长成一片谷地。他把谷穗在手里揉搓后放进嘴里，感到很好吃。于是他教人砍倒树木，割掉野草，用斧头、锄头、耒耜等生产工具开垦土地，种起了谷子。

神农氏从这里得到启发：谷子可年年种植，源源不断。若能有更多的草木之实选为人用，多多种植，大家的吃饭问题不是就解决了吗？那时，五谷和杂草长在一起，哪些不可以吃，谁也分不清。神农氏就一样一样地试种，最后从中筛选出稻、黍、稷、麦、菽五谷，所以后人尊他为"五谷爷""农皇爷"。

《神农本草经》

　　《神农本草经》阐述了药物的三品分类及其性能意义，药物的君臣佐使及在方剂配伍中的地位和作用，药物的阴阳配合、七情合和、四气（寒热温凉）五味（辛甘酸苦咸）、有毒无毒，药物的采造，药物的煎煮法，药物与病征的关系等，至今仍是临床用药的法规准则。它所记载的365味中药，每味都按药名、异名、性味、主治病症、生长环境等分别阐述，大多数为临床常用药物，朴实有验，至今仍在习用。千百年来，它作为药典性著作，指导着海内外炎黄子孙应用药物治疗疾病，保健强身。

张骞开拓西南

张骞（公元前164—前114），字子文，汉中郡城固（今陕西省城固县）人，中国汉代卓越的探险家、旅行家和外交家，对丝绸之路的开拓有重大的贡献。他开拓了汉朝通往西域的南北道路，并从西域诸国引进了汗血马、葡萄、苜蓿、石榴、胡桃、胡麻等。

汉朝建立之后，朝中君臣根本不知道在中国的西南方还有个地方叫作身毒国。张骞第一次出使西域期间，在大夏时，忽然看到了四川的土产——邛竹杖和蜀布。他感到十分诧异，并追问它们的来源。

大夏人告诉他，是大夏的商人从身毒国买来的，而身毒国位于大夏的东南方。

回国后，张骞向汉武帝报告了这一情况，并推断，大夏位居中国的西南，距长安6000千米。身毒在大夏东南数千米，从身毒到大夏的距离不会比大夏到长安的距离远。而四川在长安西南，蜀有身毒的产物，这证明身毒离蜀不会太远。据此，张骞向汉武帝建议，遣使南下，从蜀往西南行，另辟一条直通身毒和中亚诸国的路线，以避开通过羌人和匈奴地区的危险。

　　张骞的推断，从大的方位来看是正确的，但距离远近的估计则与实际情况不合。当然，在近两千年前张骞能够达到这样的认识水平也很不容易了。汉武帝基于沟通和大宛、康居、月氏、印度和安息的直接交往，扩大自己的政治影响，以达到彻底孤立匈奴的目的，欣然采纳了张骞的建议，并命张骞去犍为郡（今四川宜宾）亲自主持其事。

　　自远古以来，我国西南部，包括现在四川西南、青海南部、西藏东部、云南和贵州等地，为众多的少数民族聚居之地，统称为"西南夷"。战国末年楚将军庄蹻入滇立国，但不久即重新阻隔。汉武帝初年，曾先后遣唐蒙、司马相如开发"西南夷"，置犍为郡，并使邛都。榨（今汉源一带）、冉駹（今茂县）诸部内附。后西汉朝廷因全力对付匈奴，停止了对西南的经营。中国西南各少数民族同中原王朝基本上仍处于隔绝状态，通道西南当时是十分艰难的。

　　西汉元狩元年（公元前122年），张骞派出四支探索队伍，分别从四川的成都和宜宾出发，向青海南部、西藏东部和云南境内前进，最后的目的地都是身毒。四路使者各行约一二千里，分别受阻于氐、榨（四川西南）和禹、昆明（云南大理一带）少数民族地区，未能继续前进，先后返回。

　　张骞所领导的由西南探辟新路线的活动虽没有取得预期的效果，但对西南的开发是有很大贡献的。张骞派出的使者已深入当年庄蹻所建的滇国。滇国又名滇越，因遇有战事将士们坐在大象上作战，故又叫"乘象国"。使臣们了解到，在此以前，蜀地商人已经常带着货物去滇越贸易。同时还知道住在昆明一带的少数民族"无君长""善寇盗"。正是由于昆明人的坚决阻挠，使得汉朝的使臣不得不停止前进。在此以前，西南各地的少数民族对汉朝的情况几乎都不了解。

难怪汉使者会见滇王时，滇王竟然好奇地问："汉朝同我们滇国比较，是哪一国大呢？"使者到夜郎时，夜郎侯同样也提出了这个问题。这就成为后世"夜郎自大"典故的由来。

通过汉使者的介绍和解释，他们才了解到汉朝的强大。汉王朝从此也更注意加强同滇国、夜郎及其他部落的联系。至元鼎元年（公元前116年），汉王朝正式设置胖柯、越侥、沈黎、汶山、武都等五郡，以后又置益州、交趾等郡，基本上完成了对西南地区的开拓。

■故事感悟

张骞出使西域，对开辟西南之路进行了新探索，终于沟通了西域各国的关系，完成了对西南地区的开拓。不管在生活、学习和工作中，我们应像张骞一样，要有实践精神，才能把事情干好。

■史海撷英

丝绸之路的开拓

公元前138年到前119年，张骞奉汉武帝之命，两通西域，开辟了我国和西方的国际陆路交通道路。从此，一条从长安出发，经河西走廊和今新疆境内，到达中亚、西亚、欧洲的"丝绸之路"也正式开通。通过这条横贯亚洲大陆的古代东西贸易通道，从公元前2世纪到公元9世纪以丝绸为主的中外贸易往来非常频繁，促进了东西方的文化交流和沿途各地的经济繁荣，特别是对中国蚕桑丝绸技术的西传起了巨大作用。19世纪末，德国地理学家希特霍芬首先使用了"丝绸之路"这一名称。后来在这条通道上陆续出土了中国汉唐各朝的大量丝织品和其他文物。

张骞墓

张骞墓位于陕西城固县城以西三公里处的博望镇饶家营村。张骞墓坐北朝南，东西宽 15 米，南北长 15 米，高 8 米，呈覆斗形。抗战间西北联合大学曾对此墓做过简单发掘，出土汉代器具，确定为张骞真墓。周围有古柏环绕，墓前有石碑四通（以清乾隆年间陕西巡抚毕沅所立"汉博望侯张骞之墓"最为有名）、汉代石虎一对（曾毁，现水泥粘接）。大门前竖高 8 米，由座、杆、斗三部分组成的石华表一对。

1988 年修起了雄伟壮丽的汉代阙式大门门楼，铺设了墓园甬道，栽种了名贵花木。1991 年又修建了气势雄伟的三间献殿，东西墙壁上悬挂有"张骞出使西域图"和"凿空图"。1993 年 7 月，又修起了长 3000 米、宽 10 米的全县第一条旅游专线公路。如今，修葺一新的纪念馆景色宜人，颇受游客青睐。

从放羊倌到大学者

王象（？—222年），河内人，魏时受诏撰《皇览》四十余部，八百余万字，是我国历史上第一部大类书。

王象是三国魏晋时期的著名学者。他文章写得好，被天下人誉为"名士"，甚至被称为"儒宗"。

王象，司州河内郡（今河南武陟西南）人。在他很小的时候，父母就去世了。为生活所迫，卖身为奴，维持活命。

王象虽然家穷，但非常好学，求知的欲望十分强烈。也不知道他从什么地方找来的书，放羊时，每到羊儿吃草的时候，王象便拿出书简，偷偷地读了起来。他读书被主人发现以后，得到的往往是一顿毒打。主人的恶毒行径，反倒使王象读书的愿望更为强烈，千方百计地抽空读书，被主人毒打，也就成了家常便饭。从此，一个放羊的娃爱好读书的事逐渐传开了。

河内人杨俊为人善良，乐善好施。他听说王象虽为奴却好学的事迹以后，先是被感动，接着他又了解到王象不但好学，而且天资聪颖，才智也好。在欣赏王象的同时，杨俊慷慨解囊，出钱为王象赎身，解决王

象生活中最实际的问题。他不但供王象读书，还给王象娶了妻子，盖了房子。

杨俊为王象一门心思读书，专心致志地做学问，奠定了牢固的物质基础。

果然，王象没有辜负杨俊的一片苦心，通过地方官的举荐，建安年间，王象受到曹操的儿子太子曹丕的"礼待"。曹丕当上皇帝以后，拜王象为散骑常侍，后来又升为常侍，口封为列侯。王象的学识和才能真正得到了社会的广泛赞赏。

王象被称为"儒宗"，历史上这样评价："性器和厚，又文采温雅，因是京师归美，称为儒宗。"

王象一生中做的最大的一件事情，就是主持编写了《皇览》。《皇览》从延康元年开始撰集，"数岁成，藏于秘府，合四十余部，每部有数十篇，通合八百余万字"，是我国历史上最早的一部类书。

□故事感悟

王象，奴隶羊倌出身，经过不懈地刻苦努力读书，终于成了著名的学者。在王象成长的过程中，杨俊为他提供必要的物质基础，自然功不可没，而王象自身的努力也为后来的学者树立了逆境成才的典范。

□史海撷英

三国鼎立

从公元220年起，我国历史上先后出现了魏、蜀、吴三个国家。它们三分东汉州郡之地，各霸一方，称王称霸，互相对峙。后人把当时的这种政治局面习称为"三国鼎立"。

魏、蜀、吴三国鼎立期间，虽然兼并战争仍旧继续进行。但是，由于三国的统治者为了巩固和发展自己的势力，都比较重视社会生产的发展和社会秩序的安定。比起东汉末年无数军阀割据的纷乱局面来，相对要好得多。实际上，三国鼎立是中国遭受十几年大破坏以后逐渐恢复统一的一个过渡阶段，三国的统治者在本国内所采取的某些政治、经济措施，如曹操的屯田制和九品中正制的推行，蜀汉诸葛亮的"西和诸戎，南抚夷越，外结好孙权，内修政理"的策略，孙吴发展世家大族的统治政策等，客观上对全国的统一都起着有益的作用，因此它们的产生和存在也都是历史的必然。

■文苑拾萃

《皇览》

我国古代类书之祖，当首推魏时之《皇览》。

据《三国志·魏志·文帝纪》载：魏文帝曹丕时"使诸儒撰集经传，随类相丛，凡千余篇"。此书早已散佚，后世虽有一些辑佚本，但所存不多，难以窥其全貌。

《皇览》是由魏文帝曹丕责成当时的大学者王象组织许多儒生编撰而成的，该书的宗旨及意图是"撰集经传"，即收集图书文籍。这种"采掇遗忘"的工作其实早自曹操就已经开始了。《皇览》的编撰原则是"随类相从"，即凡是同一类的内容都编在一起。作为一部大型的类书，《皇览》内容广泛，收罗丰富，包括了五经群书，共分四十多部，每部数十篇，共一千多篇，总共八百多万字，非常便于查阅相关资料。

《皇览》一书的编辑，有利于文化事业的发展和文化遗产的保存，开创了我国编纂大型类书的先河。后世的各种类书，大都沿袭《皇览》的体例格局，如《艺文类聚》《太平御览》等均是。可惜的是，《皇览》流传到唐代就失传了。

吕蒙苦读文武双全

吕蒙(178—220),字子明,汝南富坡(今安徽阜南东南)人,三国时期吴国著名军事家。少依孙策部将邓当,邓当死,吕蒙代领其部属。从孙权攻战各地,任横野中郎将。后随周瑜、程普等大破曹操于赤壁。

三国时期,吴国君王孙权对大将吕蒙和蒋钦说:"你们如今掌管国家的要事,应该加强学习,增长计谋,以便应付魏国和蜀国的进攻。"

吕蒙回答说:"平日里我带兵打仗,东征西讨,没有多少时间去学习!"似乎吕蒙对孙权的提议感到厌倦,还带了一些抵触情绪。

孙权笑着说:"又不是让你们成为研究经典的儒生,只是希望两位能多学习一些东西,充实一下自己的头脑,能在战场上多用一些心思和智慧。这比凭借勇猛获得胜利更为可贵。"

孙权接着对他们说:"整日在战场上奔波,有很多事情让你无法抽身,这我能理解,但总不至于连一点儿时间也没有吧?"

"小的时候,《诗》《书》《左传》这些书我都读过,唯独没读过《易》。即使读了这么多书,当我大权在握时,我总觉得自己的知识还是有限，所以才又挤时间读了三史和各家的兵书，读后觉得大有收获。"孙权自己说得很起劲儿，但吕蒙丝毫没有提起兴致来。

"像你们这样聪明年轻的将领，学习后一定会收获更大，比我学起来恐怕还容易些，难道你们不能再学习了吗？我建议你们最好先读《孙子》《六韬》《左传》《国语》及三史，以增长军事计谋和了解历史经验。孔子说过：'整日不吃饭，通宵不睡觉地思考问题，也解决不了问题，不如学习收获大。'汉光武帝虽掌管兵马军事要务，却能手不离书，整日学习。曹孟德也称自己是老而好学的人。跟他们相比，你们应当努力学习，超过他们才对。"孙权说了这些，有了一种如释重负的感觉。因为他很清楚，他手下的将领听了这些话，准会有些作用。

吕蒙听了这番话后，开始刻苦读书，坚持不懈，日积月累。他所读的书甚至比那些专学经典的儒生们所读的书都多。

后来，掌握全国兵权的鲁肃路过吕蒙的住处时，与他一起讨论军事韬略，言谈中常被吕蒙的话语所折服。鲁肃不由得感慨地说："我原以为你只不过有点勇武胆略，想不到今天竟变成一个学识如此广博的人，真难以相信你是原来那个只凭勇猛杀敌的阿蒙。"吕蒙微微一笑，说："人与人分别多日，一定会有变化，应用新的眼光来看才对呀。你现在代替周瑜的职务，掌管国家军事大权，这是非常艰巨的工作；又加上你与蜀国关羽相对守边，压力会更大。关羽将军虽然年纪大，但很好学，读起《左传》朗朗上口。此人为人耿直，受人尊重，但生性很自负，好以文才武略压人。你要是想成为他的对手，一定要多谋几种策略才行。"

吕蒙私下为鲁肃陈述了几种计策，鲁肃恭敬地接受了。孙权看到吕蒙发奋读书，学有所获，心中非常高兴，他常感叹地说："人岁数大了仍不忘学习，像吕蒙那样刻苦攻读的人，恐怕是很少了。他名显位尊权

大，但不以此为满足，而更加虚心地求学，刻苦钻研，轻视金钱，崇尚忠义，这种精神应该提倡。有像吕蒙这样的人作为国家的大臣，不是一件可喜的事吗？"

□故事感悟

吕蒙虽为武将，但听了孙权的话后，刻苦读书，坚持不懈，终有所成。由一个只凭勇猛杀敌的武夫，变为知识广博、十分有涵养的将领。

□史海撷英

白衣渡江

所谓"白衣"，是说未穿军装甲胄，身着便服的意思。

白衣渡江是三国史上一次最成功、最经典的偷袭战之一，是吕蒙和陆逊共同策划的针对当时最负盛名的大将关羽的一次计谋。

先是吕蒙抱病，推荐陆逊接手军队事务。陆逊以其年少，关羽必不防备，加上托书示弱，关羽为人骄横，自然落到了这个圈套之中。接着，关羽将荆州守军调往前线攻曹。吕蒙率江东军士白衣渡江，奇袭荆州，取得成功。前线的关羽又被曹仁、徐晃等曹将打个大败。在重夺荆州无望之下，关羽只得率领余下残兵退守麦城。最终因弹尽粮绝，被俘被杀。

□文苑拾萃

《左传》

《左传》原名为《左氏春秋》，汉代改称《春秋左氏传》，简称《左传》，相传是春秋末年鲁国史官左丘明所著。它起自鲁隐公元年（公元前722年），迄于鲁哀公二十七年（公元前468年）。以《春秋》为本，通过记述春秋时期的具体史实来说明《春秋》的纲目，是儒家重要经典之一。它与《公羊传》《谷梁传》合称"春秋三传"。

《左传》对后世的影响首先体现在历史学方面。它不仅发展了《春秋》的编年体，引录保存了当时流行的一部分应用文，而且给后世应用写作的发展提供了借鉴。仅据宋人陈骙在《文则》中列举，就有命、誓、盟、祷、谏、让、书、对等八种之多，实际远不止于此。

玄奘不辞辛苦取真经

玄奘（602—664），唐朝著名的三藏法师，汉传佛教史上最伟大的译经师之一，中国佛教法相唯识宗创始人。玄奘俗姓陈，名祎，出生于河南洛阳洛州缑氏县（今河南省偃师市南境）。他也是中国著名古典小说《西游记》中心人物唐僧的原型。

玄奘10岁随哥哥进入佛门，13岁剃度出家，21岁受具足戒。前后遍访佛教名师，先后从慧休、道深、道岳、法常、僧辩、玄会等学《摄大乘论》《杂阿毗昙心论》《成实论》《俱舍论》以及《大般涅盘经》等经论，造诣日深。因感各派众说纷纭，难得定论，便决心至天竺学习佛教。

贞观三年（629年），玄奘从长安出发，经过兰州到达凉州。当时唐朝国力尚不强大，与西北突厥人正有争斗，禁止人民私自出关。凉州都督李大亮听说玄奘要西行，强令他返回长安。当地慧威法师敬重玄奘宏愿，令小徒弟慧琳、道整二人秘密送玄奘前行。他们怕白天被官兵捕捉，便夜晚行路。到达瓜州时，所骑的马又累死了。这时李大亮捉拿玄奘的公文到达，州吏李昌认为玄奘的宏愿是罕见的，不应扣留他，就把公文毁掉，催促玄奘赶快前行。玄奘买了一匹去过伊吾（哈密）十五趟的老瘦赤马，新收徒弟石盘陀陪同，于夜间上路。慧琳、道整二人不堪远行，遂回凉州。如此艰难的行进使玄奘更加下定了西行的决心：不到印度，终不东归，纵然客死于半道，也决不悔恨。半夜，他们偷渡玉门关成功。刚事休息，只见石盘陀持刀向他走来，石盘陀表示再走是死路一条，不愿同行。玄奘只好任他离去，孤身一人前行。

在大沙漠上，根本看不到行人，黄沙之外，人、兽的骨骸便是生灵的行迹。顺着走，有时像前面有大队人马在行动，其实这是在孤寂与恐怖的心理状态下产生的幻觉。行进到玉门关外的第一个哨口，玄奘准备等到夜间偷渡，但还是被守卫发现，差点被箭射中。校尉王详同情他，因他不愿东返，劝他到敦煌修行，玄奘还是表示宁可受刑，也不停留。王详只得让他过了哨卡，并告诉他要前往第四个哨口，那里有他的族人，可以放行。

玄奘依言出发，过了第四哨，再前进是八百里莫贺延碛，古代叫作沙河，是《大慈恩寺三藏法师传》一书所谓是"上无飞鸟，下无走兽，复无水草"的地方。玄奘只身行走，默念《般若心经》，鼓励自己。他走了一百多里地，迷失了道路，见到水，牵马饮水，不小心把袋子掉到水里，路上用的东西都丢失了，又不知道向哪里走，于是只得重返。他边走边想，先前发过誓，不到印度不回头，今天怎么了，竟然往回走了？又想，宁可朝西走着死了，也不应该回去。想到这里，劲头来了，便改变方向，继续西进。

玄奘在路途上，白天黄沙飞扬，如同下雨，晚上看见人兽骨骸发出的磷火，闪闪烁烁，阴森可怕。最严重的是走了五个白天、四个夜晚，还没有见到水，干渴难以忍受。到第五天的夜间，没有一点力气了，便躺倒在黄沙上。半夜忽然刮起风来，令人清醒，他立即爬起，又上路

了。马忽然不按路行走，拉也拉不动，原来它发现了水草。饮饱吃足，休息了一天，然后又出发。走了两天，出了流沙，到达伊吾，随后到高昌。可以说这是玄奘取经迈出的决定性的一步。经过这番磨炼，玄奘西行的意志更加坚定了。

到达高昌后，高昌王热情款待了玄奘，并希望他留下传播佛教。玄奘的目的是前往印度取经，于是他婉言谢绝。高昌王再三挽留他，玄奘还是不同意留下。高昌王以为用扣留的方式可以使玄奘屈服。玄奘用绝食来回应，三天滴水不沾。国王深为他的精神感动，遂放他西行，还给了他4个剃度徒弟，30匹马，25个侠役，并写了24封公文，给玄奘西行将要经过的各个地区的行政长官，请求关照。高昌王的礼遇是玄奘以前没有遇到过的，此后上路，在物质条件上比前一段路程好多了。

玄奘至层支国，因大雪封路，停留了两个月。走到葱岭北边的竦山，终年不化的积雪使玄奘一行行走艰难，晚上就卧在冰上休息。这样又经过7天才走下山。随从死了三四成，牛马死之更多。

到了康国，由于居民不信佛教，要用火焚烧玄奘的两个徒弟。幸而国王制止，玄奘一行才平安通过。

到缚喝国，玄奘留住一个多月，学习佛教经书。

以后他不顾旅途疲劳，多次在一些地方停顿读经，并与当地佛学大师辩难。玄奘有时遇到强盗，衣服资财全被掠夺，同行者悲哀哭泣。他劝慰众人说，人生最宝贵的是生命，生命保住了，损失的衣物算得了什么？鼓励徒众，继续前进。一次，在恒河，强盗认为玄奘体貌魁伟，适合祭祀突伽天神，便把他绑上祭坛，即将行凶。玄奘毫不畏惧，镇静地默念佛经。谁知这时狂风骤起，吹断树枝。暴徒以为老天在责怪他们作孽，慌忙向玄奘表示歉意，玄奘这才躲过一场灾难。

一道道难关过后，玄奘走遍印度各地，搜集和学习了各种佛学经典，出席了戒日王主办的全印度佛旨辩论会，玄奘为论坛主人。由于他高深的佛学造诣和威望，竟没有人敢向他发难；有人想暗杀他，但阴谋没有得逞。玄奘求学的目的达到了，便带着佛经取道回国。在渡信渡河时，遇到风浪，五十余夹经书落水。玄奘痛惜万分，便设法弥补。他派人到乌长那国补抄。到了于田，又派人去屋田、疏勒等地方访寻经书，并在那里等候求书人的到来。

贞观十九年（645年），经历了17个春秋，玄奘携带梵文经书357部回到长安。

史载当时"道俗奔迎，倾都罢市"。不久，唐太宗接见并劝其还俗出仕，玄奘婉言辞谢。尔后留长安弘福寺译经，由朝廷供给所需，并召各地名僧二十余人助译，分任证义、缀文、正字、证梵等职，组成了完备的译场。同年五月创译《大菩萨藏经》20卷，九月完成。

贞观二十年（646年）正月，玄奘译出无著《显扬圣教论》20卷，并口述由辩机笔受完成《大唐西域记》。同年尚译出《解深密经》《因明入正理论》，推进了因明在中国的发展。嗣又奉敕将《老子》《大乘起信论》译作梵文传于印度。二十二年（648年）五月译出《瑜伽师地论》100卷，并请太宗作经序。十月，译出《能断金刚般若波罗蜜多经》。不久，大慈恩寺落成，玄奘遂奉敕入住任上座，并悉心从事翻译佛经。永徽三年（652年），奏请建塔以安置经像，经高示敕许，乃于大慈恩寺西院营建雁塔。玄奘"亲负篑畚，担运砖石，首尾二周（年），功业始毕"。

显庆三年（658年）移居西明寺，因常为琐事所扰，遂迁居玉华宫（现在陕西铜川焦坪煤矿），致力译经。显庆五年，始译《大般若经》。此经梵本计20万颂，卷帙浩繁，门徒每请删节，玄奘颇为谨严，不删一字。至龙朔三年（663年）终于译完这部多达600卷的巨著。

此后，玄奘深感身心日衰，及至麟德元年（664年），译出的《咒五首》一卷遂成绝笔。同年二月逝世。据载，玄奘前后共译经论75部，总计1335卷。所译之经，后人均称为"新译"。

■故事感悟

玄奘法师抱着"不成此事，誓不回头"的信念，跋山涉水、翻山越岭，历尽艰难险阻，去往天竺取经，取经回国后并亲自译经、授经，这种勇于投身实践、事必身躬力行的精神值得后人佩服。我们也要抱着这种勇于实践的信念去做事，才能把事情做好。

■史海撷英

玄奘法师创立学说

五种姓说：进一步发挥了印度戒贤一系五种姓说，即把一切众生划分为声闻种姓、缘觉种姓、如来种姓、不定种姓、无种姓。认为根据人的先天素质可以决定修道的结果。玄奘在此总赅印度诸家的学说，对五种姓说作了系统的阐述。

唯识论：玄奘及其学派主张，世界上的一切（包括人类的自我）皆非独立存在的，而是由人们的意识变现出来的，即所谓"唯识所变"。最根本的意识称作"阿赖耶识"，是世界各种事物、现象的一切"种子"，是宇宙的本源。研究唯识论的重要著作，除《成唯识论》外，还有"唯识三大部"，即窥基的《成唯识论述记》、慧沼《成唯识论了义灯》、智周《成唯识论演秘》。

因明：因明在印度瑜伽学系中就十分发达。世亲之后，经过陈那和护法的发展，因明和唯识学说就紧密地结合在一起。玄奘在此基础上又有新的发展。他在印度提出了"真唯识量"。回国以后，除翻译了因明的主要著作外，并对因明辩论、论证的性质作了精细的发挥，深化了因明立量的方法，又地立破的理论进行了精细的分析。

大雁塔

大雁塔位于陕西省西安市南郊慈恩寺内，是全国著名的古代建筑，被视为古都西安的象征。相传是玄奘大法师从印度（古天竺）取经回来后，专门从事译经和藏经之处。因仿印度雁塔样式修建，故名雁塔。由于后来又在长安荐福寺内修建了一座较小的雁塔。为了区别，人们就把慈恩寺塔叫大雁塔，荐福寺塔叫小雁塔，一直流传至今。

大雁塔平面呈方形，建在一座方约45米，高约5米的台基上。塔七层，底层边长25米，由地面至塔顶高64米。塔身用砖砌成，磨砖对缝坚固异常。塔内有楼梯，可以盘旋而上。每层四面各有一个拱券门洞，可以凭栏远眺，长安风貌尽收眼底。塔的底层四面皆有石门，门楣上均有精美的线刻佛像，传为唐代大画家阎立本的手笔。塔南门两侧的砖龛内，嵌有唐初四大书法家之一的褚遂良所书的《大唐三藏圣教序》和《述三藏圣教序记》两块石碑。唐末以后，寺院屡遭兵火，殿宇焚毁，只有大雁塔巍然独存。

黄钺好学成大事

黄钺（生卒年不详），太学生，先后中举人、进士。他先后任刑科给事中、户科左给事中和礼科左给事中。

　　黄钺是明朝建文帝时的大臣。少年时期的黄钺因家境贫寒，买不起书，所以只要见到书，都要拿起来认真地读。他常常因为读书过了头而整天不回家。

　　明朝初年，朝廷整顿吏制，严格约束官员的行为。这样一来，官是越来越难当了，一般的读书人都不愿意再去做官，人才散逸各处。于是太祖几次下诏，征求贤才。

　　黄钺的父亲知道儿子聪明好学，生怕被州县选送京城，就多次告诫黄钺，让他丢掉念书的想法。话虽如此，但是没起一点儿作用。后来，黄钺的父亲想了个办法，他们家在葛泽陂有地，就让他去那里种地。黄钺到了葛泽陂，因为找不到书而非常苦恼，他就找借口说去城里打油买盐，隔一两天就要进趟城，从城里朋友那借到书，就在回家的路上读。往往人还没到家，书已经读完了。

　　有个隐士，一次为避雨把小船停在葛泽陂黄钺的小屋旁，看见黄钺正在看书。那隐士凑了过去说："小伙子如此好学，你一天读多少书啊？"

黄钺看着眼前的这个人，随口说："就是因为没有书读！如果有书，多少我都能记住。"

隐士心想，这个孩子口气可不小，没准儿是在说大话，就笑着对黄钺说："书我有很多，但拿不过来，需要你自己去看，就在离这不远的洋海店。小伙子，你愿意跟我去吗？"

黄钺听了隐士的话非常高兴，赶忙拜谢，登上他的船到了隐士家。隐士随便给他拿了几本书，隐士嘱咐他说这几本书看完后，才可以拿回来换新书。可没过多久，黄钺便把书拿回来了。隐士心想他怎么看得这么快，就从他看过的书中找些问题问他，黄钺都能对答如流。隐士高兴地说："我家架子上的书不下万卷，我是不会都让你拿回去看的，不如你就到我这里来读书吧！"隐士还让自己的儿子跟他住在同屋里读书。

就这样又过了三年，黄钺把他屋里所有的书通通读了一遍。黄钺发奋读书的事迹终于被县里的人知道了，授予他"贤良"之称。以后黄钺以生员身份被授予宜章县的典史。

明洪武二十三年，黄钺中了进士，授予刑科给事中。

■故事感悟

黄钺的聪明好学为他日后的发展奠定了良好的基础。他这种刻苦学习、奋发图强的精神，值得后人学习。

■史海撷英

三宝太监七下西洋

永乐三年（1405年），明成祖朱棣派遣宦官郑和为正使，乘"宝船"62

艘，远航西洋。郑和于1405年至1433年的二十多年间，先后七次出海远航。曾到达过爪哇、苏门答腊、苏禄、彭亨、真腊、古里、暹罗、阿丹、天方、左法尔、忽鲁谟斯、木骨都束等30多个国家，最远曾达非洲东岸，可能还到过澳大利亚。郑和在公元1414年（永乐十二年）由非洲带回了长颈鹿。

1433年（明宣德八年），是郑和最后一次航行，宣德八年四月回程到古里时，在船上因病逝世。民间故事《三宝太监西洋记通俗演义》将他的旅行探险称之为三宝太监下西洋。

■ 文苑拾萃

紫禁城

北京紫禁城筹建于明成祖永乐四年，兴建于永乐十五年至十八年。整个营造工程由侯爵陈圭督造，具体负责人是规划师吴中。从明永乐五年（1407年）起，明成祖集中全国匠师，征调了二三十万民工和军工，经过14年的时间，建成了这组规模宏大的宫殿组群，成为世界历史上最著名的建筑之一。

紫禁城宫殿都是木结构、黄琉璃瓦顶、青白石底座，饰以金碧辉煌的彩画。其平面布局、立体效果以及形式上的雄伟、堂皇、庄严、和谐，都可以说世上罕见的，集中国古代建筑艺术之大成，是中国两千多年专制社会皇权思想的集中体现。与中国历代皇宫一样，故宫的总体规划和建筑形制完全服从并体现了古代宗法礼制的要求，突出了至高无上的帝王权威。

自学成才的王行

王行（生卒年不详），字止仲，号半轩，更号楮园，自称淡如居士，明朝江苏苏州人。洪武初郡庠延为经师。泼墨成山水，时人谓之王泼墨。书法学二王。亦通兵法。蓝玉荐于朝，以其阔于事，不能用。后玉诛，行亦坐死。作品《昭君出塞图》。

王行是元末明初的吴县人。幼年时，因为家庭环境的原因，他随着父亲在卖药的徐老翁家生活。

王行很有心计，他知道徐老太太喜欢听野史小说，就每天背几篇故事，专门讲给老太太听，哄得老太太十分开心。老太太就把他好学的情况告诉给了老翁。

从那以后，徐老翁决定开始给他讲解《论语》，让他清楚上面究竟说的是什么意思。王行听得也很认真，每次都要做详细的笔记，来补充书上没有的文字。

日复一日，年复一年，徐老翁把家藏的书都拿出来给王行读。因为王行学习刻苦，而且十分认真，对待每件事情都有自己的看法。逐渐地，王行对经、史、诸子百家的学说都有了自己的看法。

有一天，他决定离开徐老翁的家，因为这里已经没有他可以读的书了，徐老翁家里的书都被他记在心里。他不是一个忘恩负义的人，他没有忘记徐老翁夫妇俩的照顾和疼爱，也不忍心就这样离开，但为了自己的追求和日后的发展，王行还是辞别了徐老翁夫妇。

王行离开徐老翁家的那一年还没有成年，用现代人的标准来看，估计不会超过18周岁。但在当时社会环境之下，究竟多大年纪算作成年，现已无从考证。

辞别徐家以后，他开始在学堂教书。起初，还没有人认识他，原因十分简单，教书先生是以才学论高低的。逐渐地，当地的一些很有名望的学者主动来与他结交。

后来，有一个富有的商人叫沈万三，登门来请他到自己家里教书。当时大户人家的孩子都是把先生请到家里来，不管有几个孩子，都由这一个先生来教。这样做的好处很多，但目的只有一个，就是为了更好地教育子女，使他们成才。在当时的情况之下，很多人连温饱都解决不了，更不用说读书了。在很多人看来，读书是有钱人家的孩子才可以做的事情，也是件很奢侈的事情。由于生活所迫，使得很多人失去了读书的机会。

沈万三深知学习的重要，登门拜访王行，为的就是子孙后代能学有所用，巩固自己的万贯家财。从这点可以看出，沈万三和一般的富有商人有所不同。他清楚地懂得，有钱要花在刀刃上，这才有了他后来的举动。

沈万三把王行请到家里，为的是教自己的孩子读书。为了使王行能安心地待在自己家里，他想了很多办法，但又怕适得其反。所以，他只好等待合适的时机，表示一下自己的心意。

王行写得一手好文章，沈万三对此羡慕不已。读到高兴时，总要赏给王行一二十两银子，尽管王行不想收，他也要给，似乎他也只能用这种方式来打动王行，把他留住。王行心里很清楚沈万三想要什么，每次都断然拒绝他的赏钱。他说："我要那么多钱也没用，如果富贵能守得住的话，你还来找我教你的孩子干什么？"

王行的话触到了沈万三最敏感的部位。沈万三没有恼怒，而是欣喜，因为王行知道自己的心意，至于孩子能学到怎样的程度，沈万三也就无能为力了。

明朝洪武初年，官府请王行去当老师，这是对王行的一种认可。从此，一个在卖药老翁家自学成才的人，成了官府学校的老师。这种转变，绝对不是偶然，而是王行刻苦学习、奋发进取的结果。

■故事感悟

书是一行一行看出来的，文章是一字一字写出来的。自己不动手、不出力，一本书也看不完，一个字也写不出来。王行学习刻苦，而且十分认真，真可谓读遍"万卷书"。正是这种奋发图强的精神，才让他有所成就。

■史海撷英

沈万三和其"聚宝盆"

沈万三小时候调皮捣蛋无心向学，先生也常常被其作弄，但他特别亲近乳娘和管家。管家也喜欢逗他玩，并在玩时教他算术知识。管家从酒庄取来一空酒坛（陶瓷质）取名"聚宝盆"，让沈万三将零钱放入其中，并建立账本，凡存取均需记账，沈万三的理财意识由此形成。谁也想不到"聚宝盆"这三个字竟影响了沈万三的一生。无论日后沈万三发迹迁居苏州城，

还是应朱元璋诏令搬迁南京城，此聚宝盆都一直跟随着沈万三，虽不像民间传说那样神奇，但据传沈万三对着聚宝盆就有用不完的生意点子，或叫灵感。后来，朱元璋要征用聚宝盆来建南京城，沈万三只好以需要择吉日并斋戒七七四十九天后呈献皇上此盆才灵为由，暗里召集能工巧匠用黄金钻石打造了一个聚宝盆，上面采用各种吉祥的图案，总算逃过了这一关。事后沈万三感言，世间原本就没有聚宝盆，真是成也萧何败也萧何啊！

■文苑拾萃

沈万三故居

漫步江苏苏州附近的千年古镇周庄，江南巨富沈万三的传奇人生故事就会频频传入耳际。只要在老街小巷看一看，听一听，在饭店酒楼里尝一尝"万三蹄"，品一品"三味汤圆"，就会感觉到，周庄的所有历史遗迹似乎都与沈万三有着密切的关联。历史上不乏文人雅士涉足周庄，不仅沉醉于"小桥流水人家"的水乡风情，更想探究沈万三发迹致富的轨迹，解读他经商而成为巨富的奥秘所在。

在银子浜畔，矗立着一块庄重简朴的石牌坊，两侧书有一副楹联，上联为"念我无祖迁贞丰耕农经商"，下联"望尔后裔居周庄修宅筑亭"，而沈万三的水冢就安卧在碧波之中。

徐霞客的游历

徐霞客（1587—1641），名弘祖，字振之，号霞客，明南直隶江阴县（今江苏江阴市）人，伟大的地理学家、旅行家和探险家。他经三十余年考察撰成60万字的《徐霞客游记》，开辟了地理学上系统观察自然、描述自然的新方向；它既是系统考察祖国地貌地质的地理名著，又是描绘华夏风景资源的旅游巨篇，还是文字优美的文学佳作，在国内外具有深远的影响。

徐霞客19岁那年，父亲去世。他很想外出去考察祖国的名山大川，但是封建社会的道德规范是"父母在，不远游"，徐霞客因有老母在堂，所以没有准备马上出游。他的母亲是个读书识字、明白事理的人，就鼓励儿子说："身为男子汉大丈夫，应当志在四方。你出外游历去吧！到天地间去舒展胸怀，广增见识。怎么能因为我在，就像篱笆里的小鸡，套在车辕上的小马，留在家里无所作为呢？"徐霞客听了这番话，非常激动，决心去远游。这一年他22岁。从此，直到56岁逝世，他绝大部分时间都是在旅行考察中度过的。

徐霞客在完全没有朝廷资助的情况下，先后游历了江苏、安徽、浙

江、山东、河北、河南、山西、陕西、福建、江西、湖北、湖南、广东、广西、贵州、云南等16个省、市、自治区。东到浙江的普陀山，西到云南的腾冲，南到广西南宁一带，北至河北蓟县的盘山，足迹遍及大半个中国。更可贵的是，在三十多年的旅行考察中，他主要是靠徒步跋涉，连骑马乘船都很少，还经常自己背着行李赶路。他寻访过的地方，多是荒凉的穷乡僻壤，或是人迹罕见的边疆地区。他不避风雨，不怕虎狼，与长风为伍，与云雾为伴，以野果充饥，以清泉解渴。他几次遇到生命危险，出生入死，尝尽了旅途的艰辛。

徐霞客28岁那年，来到温州攀登雁荡山。他想起古书上说雁荡山山顶有个大湖，就决定爬到山顶去看看。当他艰难地爬到山顶时，只见山脊笔直，简直无处下脚，怎么能有湖呢？可是，徐霞客仍不肯罢休，继续前行到一个大悬崖，路没有了。他仔细观察悬崖，发现下面有个小小的平台，就用一条长长的布带子系在悬崖顶上的一块岩石上，然后抓住布带子悬空而下，到了小平台上才发现下面斗深百丈，无法下去。他只好抓住布带，脚蹬悬崖，吃力地往上爬，准备爬回崖顶。爬着爬着，带子断了，幸好他机敏地抓住了一块突出的岩石，不然就会掉下深渊，粉身碎骨。徐霞客把断了的带子结起来，又费力地向上攀援，终于爬上了崖顶。

还有一次，他去黄山考察，途中遇到大雪。当地人告诉他有些地方积雪有齐腰深，看不到登山的路，无法上去。徐霞客没有被吓住，他拄了一根铁杖探路，上到半山腰，山势越来越陡。山坡背阴的地方最难攀登，路上结成坚冰，又陡又滑，脚踩上去就滑下来。徐霞客就用铁杖在冰上凿坑，脚踩着坑一步一步地缓慢攀登，终于爬了上去。山上的僧人看到他都十分惊奇，因为他们被大雪困在山上已经好几个月了。

徐霞客还走过福建武夷山的三条险径：大王峰的百丈危梯，白云岩的千仞绝壁和接笋峰的"鸡胸""龙脊"。在他登上大王峰时，已是日头将落，下山寻路不得，他就用手抓住攀悬的荆棘，"乱坠而下"。

徐霞客惊人的游迹，的确说明他是一位千古奇人。

徐霞客在跋涉一天之后，无论多么疲劳，无论在什么地方住宿，都坚持把自己考察的收获记录下来。他写下的游记有二百四十多万字，可惜大多遗失了。留下来的经过后人整理成书，就是著名的《徐霞客游记》。这部书共计四十多万字，是把科学和文学融合在一起的一大"奇书"。

徐霞客的游历并不是单纯为了寻奇访胜，更重要的是为了探索大自然的奥秘，寻找大自然的规律。如他对福建建溪和宁洋溪水流的考察，就是一例。黎岭和马岭分别为建溪和宁洋溪的发源地，两座岭的高度大致相等，可是两条溪水入海的流程相差很大，建溪长，而宁洋溪短。徐霞客经过考察，得出宁洋溪的水流比建溪快的结论。"程愈迫则流愈急"，也就是说路程越短，水流越急。这个地理学上的著名结论就是由徐霞客通过实地考察得出来的。他在山脉、水道、地质和地貌等方面的调查和研究都取得了超越前人的成就。

他对许多河流的水道源进行了探索，像广西的左右江、湘江支流萧彬二水、云南南北二盘江以及长江等，其中以长江最为深入。浩荡的长江流经大半个中国，它的发源地在哪儿？很长时间都是个谜。战国时期的一部地理书《禹贡》，书中有"岷江导江"的说法，后来的书都沿用这一说法。徐霞客对此产生了怀疑。

他带着这个疑问"北历三秦，南极五岭，西出石门金沙"，查出金沙江发源于昆仑山南麓，比岷江长千余米，于是断定金沙江才是长江上源。由于当时条件的限制，徐霞客没能找到长江的真正源头。但他为寻找长江源头，迈出了极为重要的一步。在他以后很长时间内也没有人找到。直到1978年，国家派出考察队才确认长江的正源是唐古拉山的主峰各拉丹冬的沱沱河。

我国西南地区石灰岩分布很广泛。徐霞客在湖南、广西、贵州和云南作了详细的考察，对各地不同的石灰岩地貌作了详细的描述、记载和研究。他还考察了一百多个石灰岩洞。在湘南九嶷山，他听说有个飞龙岩，就请当地的和尚明宗引导，带着火炬去考察。飞龙岩是个巨大的洞穴，曲曲折折，洞里有洞，洞内又是坑又是水，很难行走。徐霞客全不顾及，一直深入进去，鞋跑丢了也不在乎。明宗几次劝他回去，他都不听。直到火炬快烧完了，他才恋恋不舍地往回走。

他没有任何仪器，全凭目测步量，但他的考察大都十分科学。如对桂林七星岩15个洞口的记载，同今天我们的地理研究人员的实地勘测结果大体相符。徐霞客去世后的一百多年，欧洲人才开始考察石灰岩地貌，所以徐霞客称得上是世界最早的石灰岩地貌学者。

■ 故事感悟

徐霞客生平大部分时间都用在考察祖国的山山水水上，并最终把考察的经过和心得总结在《徐霞客游记》里。这真可谓是"以一己之力，创千古壮举"！可见，所有的事情都要亲自去探索、去实践，才会弄清事物的本质。

■ 文苑拾萃

《徐霞客游记》节选——徐霞客作

游黄山日记

初二日

自白岳下山，十里，循麓而西，抵南溪桥。渡大溪，循别溪，依山北行。十里，两山峭逼如门，溪为之束。越而下，平畴颇广。二十里，为猪坑。由小路登虎岭，路甚峻。十里，至岭。五里，越其麓。北望黄山诸峰，片片可掇。又三里，为古楼坳。溪甚阔，水涨无梁，木片弥满布一溪，涉之甚难。二里，宿高桥。

初三日

随樵者行，久之，越岭二重。下而复上，又越一重。两岭俱峻，曰双岭。共十五里，过江村。二十里，抵汤口，香溪、温泉诸水所由出者。折而入山，沿溪渐上，雪且没趾。五里，抵祥符寺。汤泉在隔溪，遂俱解衣赴汤池。池前临溪，后倚壁，三面石甃，上环石如桥。汤深三尺，时凝寒未解，面汤气郁然，水泡池底汩汩起，气本香冽。黄贞父谓其不及盘山，以汤口、焦村孔道，浴者太杂遝即杂乱出。浴毕，返寺。僧挥印引登莲花庵，蹑雪循涧以上。涧水三转，下注而深泓者，曰白龙潭；再上而停涵石间者，曰丹井。井旁有石突起，曰"药臼"，曰"药铫"。宛转随溪，群峰环耸，木石掩映。如此一里，得一庵，僧印我他出，不能登其堂。堂中香炉及钟鼓架，俱天然古木根所为。遂返寺宿。

第三篇
有志者事竟成

浪子回头成大业

　　皇甫谧（215—282），幼名静，字士安，自号玄晏先生。安定朝那（今甘肃灵台县朝那镇）人。提起皇甫谧，人们可能立刻想到他编撰的《针灸甲乙经》。其实，除此之外，他还编撰了《历代帝王世纪》《高士传》《逸士传》《列女传》《元晏先生集》等书。他一生以著述为业，在医学史和文学史上都负有盛名。

　　西晋时期，有一位著名的学者叫皇甫谧。他小时候被过继给了叔父，跟随叔父迁居到河南郡新安县（今河南渑池县）。

　　青少年时期的皇甫谧不喜欢读书，非常贪玩，经常与小伙伴们舞枪弄棒。尽管经常受到婶娘的责骂，仍旧不思悔改。到了二十多岁，变得越发放荡不羁。由于他没有文化，说话办事粗鲁又糊涂，邻里乡亲们都说，皇甫谧这孩子甭说成才，连成人都够呛。史书中对他这时的表现，有这样的文字："年二十，不好学，游荡无度，或以为痴。"

　　尽管皇甫谧不喜好读书，但他对叔父、婶娘十分孝顺。有一天，不知他从哪里弄到一些时鲜的瓜果，兴冲冲地拿给婶娘任氏吃。婶娘没有吃他送来的水果，而是把他叫到跟前，语重心长地对他说："你已经

二十多岁了，还是目不存教，心不入道。即使你拿世上最好的东西给我吃，我也不会高兴。"婶娘说完，望着皇甫谧不住地唉声叹气。皇甫谧问婶娘是不是哪里不舒服，婶娘只好把自己最担心的事情讲了出来。

婶娘说："过去孟母三迁，终于使孟子成为一个学者，难道是我没选择好的邻居而把你带坏了？还是我对你教育不够？不然，你怎么会顽皮愚钝到如今的程度？"听婶娘说到这里，皇甫谧似乎心有所动，看着眼泪汪汪的婶娘。

婶娘接着说道："修身勤学，全靠你自己努力，最终也是你自己得到好处，与我没什么关系！"她说到这里，已是泣不成声了。

婶娘这番苦口婆心的开导对皇甫谧触动很大。他立即向婶娘表示，一定痛改前非，重新做人。

第二天，他就拜村里的席坦先生为师。他开始认真读书，改掉了四处游荡的毛病。

后来，皇甫谧读书极其用功，以"沉静寡欲，始有高尚之志，以著述为务"为人生信条。皇甫谧在人们眼里成了"书痴"，好心人劝他用功不要过度，以免损耗精神，伤害身体。皇甫谧微笑着说："古人说'朝闻道，夕死可矣'。"意思是说，只要能学到知识和学问，就是少活几年也甘心。

封建社会里读书是唯一的出路，似乎只有读书当官一条路可以走。皇甫谧生活的时代，这种社会风气十分盛行。有人劝皇甫谧，如今你已经是有名的文人了，应该离开这穷乡僻壤，出去谋个一官半职，日后也好光宗耀祖。而此时的皇甫谧已经立志终身钻研学问，以著书立说为志向。由于皇甫谧的名声越来越大，官府也不断地举荐他出去做官，但都被他拒绝了。

皇甫谧一生写了大量的著作，历史著作有《帝王世纪》《年历》《高士传》等，其中《帝王世纪》一书记载了上起传说中的三皇五帝，下至皇甫谧生活的曹魏时期，上下三千多年的历史，是一部博古通今的巨著，受到当时和后代的推重。他还写了许多医学著作，其中《针灸甲乙经》一书是我国现存最早的一部系统的针灸专著，也是针灸学的经典，在世界上产生了很大的影响。

■故事感悟

人在年少时没有好好读书，浪费了宝贵时光固然可惜，但只要及时醒悟，浪子回头，立定志向，奋发努力，同样可以成就一番事业。皇甫谧就是一个由浪子转变成学者的典范，他刻苦钻研学问的精神，给后人以很好的启示。

■史海撷英

针灸鼻祖皇甫谧

《针灸甲乙经》对于针灸方面的经验，早在两千多年前我国医家就已进行了系统总结。如1973年在湖南长沙的马王堆汉墓中，发现了多种周代编写的医书，其中有《足臂十一脉灸经》和《阴阳十一脉灸经》。战国时代的《黄帝内经》也有许多论述针灸的内容。东汉初期针灸名医涪翁还有《针经》的专述。但是晋代以前涉及针灸内容的医书，"其文深奥"，"文多重复，错互非一"。加上当时用竹木简刻书，书被视为秘宝，普通的人是不易得到的。由于参考书奇缺，这给皇甫谧编撰工作带来很大困难。然而值得庆幸的是，皇甫谧没有在困难面前低头。他用百折不挠的精神，设法借来了需要的医书，经穷搜博采，获得了大量的资料。他把古代著名的三部医学著作，即《素问》《针经》(即《灵枢》)、《明堂孔穴针灸治要》，纂集起

来，加以综合比较，"删其浮辞，除其重复，论其精要"，并结合自己的临证经验，终于写出了一部为后世针灸学树立了规范的巨著——《黄帝三部针经》，也称《针灸甲乙经》，简称《甲乙经》。

针 灸

针灸由"针"和"灸"构成，是中医学的重要组成部分之一。针法是把毫针按一定穴位刺入患者体内，运用捻转与提插等针刺手法来治疗疾病；灸法是把燃烧着的艾绒按一定穴位熏灼皮肤，利用热的刺激来治疗疾病。

针灸是一种中国特有的治疗疾病的手段，是一种"从外治内"的治疗方法。通过经络、腧穴的作用，以及应用一定的手法，达到治疗全身疾病的目的，以通经脉、调气血，使阴阳归于相对平衡，使脏腑功能趋于调和，从而达到防治疾病的目的。针灸疗法是我国医学遗产的一部分，也是我国特有的一种民族医疗方法。直到现在，针灸疗法仍为广大群众所信赖。

针灸在形成、应用和发展的过程中，具有鲜明的汉民族文化与地域特征，是基于汉民族文化和科学传统产生的宝贵遗产。

"一介草民"造石桥

　　清圣祖康熙（1654—1722），名爱新觉罗·玄烨，是在位时间最长的皇帝。康熙执政期间，撤除吴三桂等三藩势力（1673年），统一台湾（1684年），平定准噶尔汗噶尔丹叛乱（1688—1697年），并抵挡住了当时沙俄对我国东北地区的侵略，签订了中俄《尼布楚条约》，维持了东北边境一百五十多年的边界和平。他曾多次举办博学鸿儒科，创建了南书房制度，并亲临曲阜拜谒孔庙。

　　清朝康熙年间，有一名会编簸箕的人叫郑成仙。他编的簸箕不但价格合理，而且结实耐用，附近人都买他的簸箕，他在当地也算小有些名气。

　　有一次，郑成仙要过一条河，恰巧遇上下雨，河上有一座木板桥。或许因为是年代有些久了，桥上的部分木板已经开始腐烂。他过桥的时候有几次险些从桥上摔下来。从那时候开始，郑成仙发誓："我郑成仙有生之年，靠卖簸箕也要在这里修一座石桥。"很多人都觉得他是在说大话，自然也就没有人相信，只是当个玩笑听听罢了。别人都认为他是异想天开，一个靠编点儿簸箕糊口的人，还想造石桥，简直是痴人

说梦。但郑成仙不管别人怎样看，他想做的事不但要做成，而且还要做好。

郑成仙是一个说话算数的人，他开始把卖簸箕的钱攒起来，自己觉得够多了，再把铜钱换成银子，放在瓦罐中，拿土把瓦罐埋在院里的瓦盆里。这些工作都是悄悄进行的，就连他的老婆和儿子都不知道。

尽管没有人知道"小金库"的事，但天公并不作美，碰巧又下了场大雨，瓦盆里的土被雨水冲走了，"小金库"也显露了出来，但郑成仙对此全然不知。天长日久，郑成仙的"小金库"开始来了客人，今天有人来借点儿救急，明天拿出来点儿解困。但不管怎么说，毕竟是好"借"好"还"，人家借的时候没言语，可毕竟还是还了，不像有些人干脆就是拍拍屁股走人。这样的事情发生在郑成仙身上，的确是个不小的打击，但不管怎样，钱还是攒下来了。

郑成仙的钱可以凑够建桥时，他已经是七十多岁的老人了。

一天，他请来一些老街坊，诚恳地对他们说："我现在连走路都很吃力了，背驼得一天比一天厉害。如果当年的愿望再不能实现的话，恐怕桥就会和我一样，也就走到头了。起初，我的想法很高，似乎也很远大，但现在看来应该更实际一些。"

说完，郑成仙把"小金库"里的钱都倒了出来，看着这些多少年才攒下来的钱，郑成仙百感交集。一直以来，他的老婆和孩子们谁也没有想到，郑成仙会偷偷地攒下这些钱。他们穿着破旧的衣服，平时省吃俭用，都不曾抱怨。但在这种场景之下，他们的心里发生了微妙的变化。他们根本就不曾想过，郑成仙会悄悄地藏了这么多银子。

曾经嘲笑过他的街坊，见了这种场景也感到十分的惭愧。他们惊愕地说："这老伙计真行！"这是一种发自内心的赞叹。

随后，郑成仙开始和老街坊们一起商量造桥的具体方案。很快，郑成仙要自己掏钱修桥的事情传开了，人们都为他的做法所感动，很多人都放下自己手中的活儿前来帮忙。不到一个月的工夫，一座结实平坦的石桥展现在人们的面前。

■故事感悟

郑成仙为兑现自己的承诺，实现自己的愿望，付出了毕生的精力。他是一个普通得不能再普通的百姓，却能为一件事情如此专注，不得不令人心生敬意。

■史海撷英

中国最古的石桥

中国最古的石桥是河北省赵州城南25千米处的安济桥，即赵州桥，俗称大石桥，与赵州永通桥并称为姊妹桥。无论在结构技术或建筑艺术上，它在世界桥梁史上都占有崇高地位。

它是一座敞肩式单孔石拱桥，长64.4米。初建于隋开皇十一年至十九年（591—599年），至今已有1500年。这是全中国也是全世界现存修建时间最早、保存最完好的一座石拱桥。

■文苑拾萃

清代根艺的发展

作为民间工艺的根艺，到了清代，创作有了新的成就。从一些文献记载中可看到根艺家们不仅利用木、竹根创作出适合人们欣赏的摆设，而且还雕刻出具有实用价值的高级家具以及其他实用品，尤其当时的跟制拐杖更为出名。在《胤禛妃行乐图》中，有呈现出天然树根的床。当时著名的《聊

斋志异》作者蒲松龄，在故居山东淄博市陈列的文物中，就有他自己用树根创作的纸案艺术品。据孔府有关记载，衍圣公孔毓圻曾向康熙帝上贡根雕如意、寿杖等物。清代也有用树根拼接的座椅。

清人顾禄在《桐桥倚棹录·工作》中记载："杖，俗称拐杖……大抵琢取山中榔、栗、楂老干为之，亦有方竹、刿藤为之者，光润可喜。"又据施鸿保《闽杂记》卷记载："佛面竹，长一二杖，粗及把，节甚疏，每节有一佛面，眉目口鼻皆具，可谓手杖。俗称定光佛杖。"

“跳蚤专家”李贵真

李贵真（1911—1999），国际知名的蚤类学家，曾任贵阳医学院生物学教研室教授。1937年毕业于齐鲁大学生物系，第二年赴贵州，在当时的国立贵阳医学院生物科任教。他勤奋工作，严谨治学，培养了大批的医学昆虫工作者。毕生致力于蚤类分类学研究，硕果累累，在国内外学术刊物上发表学术论文93篇，主编和参编专著16部，描述蚤类的新种和新亚种72种，建立新属和新亚属3属。先后获全国科学大会奖1项，国家自然科学奖1项，省部级科技成果奖12项。

李贵真，我国著名的生物学家，有“跳蚤专家”之称。

李贵真从小在农村长大，喜欢各种各样的小昆虫。中学毕业后，她决心献身于祖国的生物科学。1937年，她从齐鲁大学生物系毕业后就奔赴贵州。那时，贵州、云南各省鼠疫大流行，万户萧疏，数以万计的人挣扎在死亡线上。而跳蚤是传播鼠疫的重要媒介。研究跳蚤的形态、种类以及活动方式等，是控制和消灭鼠疫的有效手段。在旧中国，统治阶级根本不关心人民的死活，也根本不重视对跳蚤的研究。当时年仅

27岁的李贵真勇敢地、吃力地开垦起中国生物学的这块处女地——蚤类学。

要研究跳蚤，首先要捕捉跳蚤。跳蚤像芝麻粒那么大，非常善于跳跃，很不容易捉到。人体和动物体既是跳蚤活动的场所，又是它吃饭的地方，它是真正的寄生虫。跳蚤一旦跳上人体，钻入衣服内，就很可能带来传染病。李贵真对这些全然不顾。为了捕捉到各种各样的跳蚤，她翻山越岭到树多林密的动物身上捕捉跳蚤。因为野生动物生活在潮湿的树叶、草丛中，这种条件正适合跳蚤生存、生长。可是，野生动物是不让人靠近的，李贵真就向当地猎人学会了打猎。用枪打死动物后，她赶紧跑过去，把早已准备好的一块白布放在动物体下，然后，仔细寻找躲藏在动物身上的跳蚤。动物体温一降，跳蚤就会向四处乱蹦。离开动物体的跳蚤跳到白布上，李贵真便迅速地用蘸了酒精的棉花团将那些"黑点"按住，小心翼翼地装入玻璃瓶里。

李贵真不但学会了用枪打死猎物，还学会了挖陷阱活捉动物的方法。她把捉到的小动物放到笼子里，再把笼子放到水盆上，跳蚤一跳就掉到水中。李贵真常常守候在水盆旁，慢慢把水中的跳蚤捉上来。她也常常让伙伴守在洞口，自己钻进那又臭又脏的野兽洞中，细心寻找跳蚤。她翻山越岭不知磨破了多少鞋底、划破了多少衣服。这对一个年轻的女大学生来说，要顶住来自社会的世俗偏见，要经得起大自然的考验，谈何容易？可她还是经住了考验和偏见，从1938年起，硬是用了几十年的时间，夜以继日地研究这小小的特殊昆虫。

李贵真捉到跳蚤后，还要经过极复杂的制标本过程。制成标本后还要认真鉴定，整天用显微镜观察跳蚤，在纸上耐心地画下它的形态。有时一画就是几个月，在这枯燥单调的工作中，一种又一种中国新跳蚤被发现了，中国蚤类学这门空白的学科也渐渐发展充实起来。后来，李贵真写出了《跳蚤》和《蚤类概论》等著作。《蚤类概论》被认为是"我国蚤类研究工作的一种初步总结，是我国昆虫学、医学昆虫、蚤传性疾病流行病学不可缺少的一种参考书"，国际生物学界认为这是"关于中国蚤类学的权威性著作"，它的内容被生物学界的外国专家学者所引用。

■故事感悟

为了切断鼠疫的传播途径，李贵真全身心投入对跳蚤的研究工作中，她不怕苦不怕累，甚至冒着被传染的危险"与跳蚤为伍"，不断充实自己的知识技能。正是这种求知精神影响着李贵真，让她在跳蚤领域闯出了一片新天地。

■史海撷英

昆虫的起源和演化

昆虫最早出现于3.54亿年前的古生代泥盆纪，比鸟类的出现早近2亿年，是第一批出现在陆地上的动物，称得上是一个古老的动物家族。它们的生存与发展的道路并非一帆风顺，而是充满坎坷，在漫长的生物进化历程中经历了地球史上几次大规模的生物灭绝灾难，尤其是二叠纪灾变和白垩纪晚期灾变。许多古老的生物类群不能适应变化的环境而被大自然淘汰了，然而昆虫却在生存竞争中生生不息，繁衍至今，成为最兴旺发达的大家族。

最早的昆虫起源于近似蜈蚣和马陆的水生节肢动物的多足纲的综合类初期幼虫，是寡节的六足型式。后来经过漫长的演化，通过了各个地质时期特定环境的影响，由水生至陆生，使得它们的新陈代谢类型、相应功能和身体构造都发生了巨大的变化，并形成了各种变态类型，从低级演变进化至高级阶段，逐渐分化成为现生的各种各样的昆虫类群。

跳 蚤

跳蚤属于昆虫纲，身体极小，身上有许多倒长着的硬毛，可帮助它在寄主动物的毛内行动。

跳蚤是传播鼠疫的媒介。引起鼠疫的是一种很小的杆菌，名叫鼠疫杆菌。这种带菌的跳蚤吸入人血时，血液因食道被细菌阻塞无法入胃而从口部回流到被咬人的身体里，鼠疫细菌就在这时随同进入人体，使人患上鼠疫。跳蚤在吸食人血时还可能把粪便排在人的皮肤上，其中也含有大量鼠疫细菌。因为被咬部位发痒，搔痒时会将鼠疫细菌带入微细的伤口，也能使人染上鼠疫。

范文澜窑洞著书立说

范文澜（1893—1969），浙江绍兴人，历史学家。他曾在南开大学、北京大学、北京师范大学、中国大学、辅仁大学等校任教。新中国成立后，历任中共第八届中央候补委员，第九届中央委员，第一至三届全国人大代表，第三届人大常委，第三届全国政协常委，中国史学会副会长，中国科学院哲学社会科学学部委员，中国科学院近代史研究所所长。他主编《中国通史简编》，并长期从事该书的修订工作，还著有《中国近代史》（上册）、《历史考略》《群经概论》《水浒注写景文钞》《文心雕龙注》《太平天国革命运动》《范文澜史学论文集》等。此外还主编过《捻军》。

范文澜是我国著名的历史学家。

1940年春天，范文澜来到了中国共产党中央所在地延安。消息不胫而走，当时延安的几个院校老师以及有关部门领导，还有范文澜的昔日好友都十分高兴，中央主要领导还亲自接见了他。

这时正处于抗日战争时期，延安的住房条件、生活条件和工作条件都十分差。范老一家三口住的是一孔窑洞，吃的以稀饭为主，干饭很少

吃，肉类几乎没有。每人每月发几张边区生活补贴票，用来买一点儿日用必需品或其他东西。工作条件那就更不用说了，范老的书房、餐厅以及寝室全在这孔窑洞里，挤得很。最里边是一个简易的大木床，靠窗处是他自己找来的几块木板、四条木棍，别人帮助做成的简易桌子。看书写字时，它是书桌；吃饭时，它又成了餐桌。在桌子的后面摆着一个长条凳子，谁能想到，一个著名的历史学家就是在这种条件下开始了《中国通史简编》的写作。

范文澜就是在这样的环境中，伏在"桌子"上夜以继日地写着。晚上是没有电灯的，只有一盏小油灯。灯油只有蓖麻油，窑洞里烟雾弥漫，熏得人睁不开眼睛，而且咳嗽不止。油灯发出的光很暗，他只好把头贴近灯写着。实在太累了，就把身子靠在窑洞的土墙上稍稍休息片刻，并用纸卷着当地出产的烟叶抽几口，解解乏。接着，便又马上写了起来。由于延安的纸张极为缺乏，范老用的稿纸质量很差，反光很厉害，非常刺激眼睛。但就是这样，范老还是不顾一切地写着。

到了1945年，抗日战争胜利时，范文澜在极其艰难的延安窑洞中写出了《中国通史简编》上、中、下册，共计90万字，《中国近代史》约20万字，并发表了很多篇论文，对中国史学界影响极大。晚年，他不辞辛苦，为使《中国通史简编》更具有准确性、科学性，还对此书进行了修订。

■故事感悟

范文澜在延安写作条件十分艰难的情况下，以饱满的热情写成《中国通史简编》。晚年，为了学术上的严谨，他不知疲倦地对此书进行修订。他为当代史学奋力耕耘了半个世纪，走过了极不平凡的人生道路，对我国史学的发展作出了不朽的贡献。

范文澜的"白话版"《沁园春·雪》

抗战胜利后，范文澜因工作调动离开延安，于1946年4月到达晋冀鲁豫解放区，不久就担任了北方大学校长。在这期间，他读到了毛泽东在重庆谈判期间被传抄发表的轰动一时的《沁园春·雪》，为这首雄奇瑰丽的词的高度艺术成就所折服。范文澜凭着他深厚的古典文学功底，高超的文字驾驭能力，把这首词译成通俗易懂的白话文，发表在同年10月20日晋冀鲁豫边区出版的《人民日报》第三版的显著位置上，题目为《沁园春译文》。

捻 军

捻军是太平天国革命前夕，在中国北方兴起的声势比较大的农民起义武装，在南方与之相对应的则是天地会。

太平天国初期，一部分天地会会员是同捻军合作的，但捻军的活动区域和太平天国革命军相距太远，因此同太平天国并没有什么联系，但当太平天国革命势力发展到长江下游时，天地会便与它分道扬镳，而捻军却和它结合起来，互相呼应。在天京陷落后，有一支太平军正式加入捻军，共同活动了三年多。捻军前后活动近二十年，纵横安徽、河南、山东、直隶、陕西、山西、湖北等省，是北方农民的大规模武装起义，给清朝封建统治者以沉重的打击，同时也是太平天国革命在北方的再起和扩展，通过它可以看到当时农民起义的普遍性和坚强性。

历史学家范文澜根据这一历史事件，主编了《捻军》一书。本书选录的资料非常全面，内容比较丰富，是研究当时捻军活动的重要史料，同时对研究太平天国革命军的活动也有一定的参考价值。

女地质学家金庆民

　　金庆民（1939—1999），1961年在北京地质学院毕业，世界第一位深入南极腹地、探索南极第一高峰——"文森峰"的女性，地质学家，中国地质科学院南京地质矿产研究所研究员。在她30多年的地质研究生涯中，有20多年是在我国西域的新疆这一艰苦工作环境中度过。在1986年至1990年间，金庆民曾三次深入南极进行科学考察，获得多项科研成果，填补了我国和南极地区几项地质科研空白，为我国地质事业和提高我国对南极研究的国际地位作出了重要贡献。

　　金庆民是中国地质科学院南京地质矿产研究所副研究员，1961年毕业于北京地质学院，在地质战线工作了30年。曾受国家委派两次赴南极进行科学考察，获得了宝贵的地质资料。在南极最高峰文森峰地区发现了大铁矿，填补了地质学研究的空白，为祖国的地质事业作出了巨大的贡献。

　　1961年大学毕业后，金庆民没有留恋大城市的安逸生活和优越的工作条件，毅然来到新疆，奋战戈壁滩20个春秋。1980年，她在塔里木盆地的西北边缘发现了金佰利岩，被列为国家的一项地质新发现，为新疆的金刚石找矿工作提供了依据。1984年，她参与编制的新疆天山1∶500000地质图与矿产图，获得了新疆维吾尔自治区的奖励。

地质工作是艰苦的，而女同志更要付出超人的代价。在野外探矿，女同志尚未有过。但金庆民打破这一惯例，常年在雪山上攀登，在浩瀚无垠的大沙漠里跋涉。断水、缺粮、迷途、翻车，似乎已成家常便饭，但她与队员们以苦为乐，勇敢地向下个目标跃进。

为了事业，她长期与爱人两地分居，三个孩子由远在浙江的姑妈照看，以致孩子见到她竟不认识，喊她"舅妈"。

1986年，受国家委派，金庆民参加了我国第三次南极考察队，踏上了冰雪王国的大地。在长城站，她与男同志一道参加扩建长城站的劳动，修筑码头，卸运物资，盖房修路。每天行程三四十里路，测制了1∶10000地质图20平方千米，采集了四百二十多块岩标本。经过77天的艰苦奋战，终于完成了地质考察任务。

1988年，经国务院批准，金庆民又参加了中美联合南极登山科学考察队，对南极腹地文森峰进行登山探险科学考察活动。

文森峰，人称"死亡地带"，海拔5140米，终年冰雪覆盖。在此之前，世界上尚没有一位女性踏上这块土地。涉足死亡地带前，中美双方的协议上规定探险队员若遭遇不测，遗体将不运回本国。

面对这一切，金庆民想的只是祖国地质事业的腾飞，早日把五星红旗插上南极最高峰。她毅然在照会上写下了"金庆民"三个字，踏上了南极之路。

南极探险的艰苦程度远远超过他们的想象。暴风雪时常将他们的帐篷卷走；一杯咖啡喝不到一半就结了冰；稍不留意，舌头就会粘在勺子上被扯掉一块皮。进入南极腹地的第三天，金庆民决定自己一人独闯山

峰，进行为期四天的科学考察。"您一个人留在这儿太危险了！"同伴不断地劝告她。"太危险了！"美方队员也关切地说，"金女士，你一个人能行吗？你想过没有，暴风雪一来，帐篷被掀跑，您就……"

最后，金庆民一个人留在了这里。这里气温极低，一片冰海。但强烈的事业心像熊熊的烈火在她胸中燃烧，驱使她去探索、攻坚。

和战友分开的第四天，金庆民在一道山脊上发现了铁矿露头。为了追溯铁矿带，她沿着陡峭的山脊行走进行地质考察。这是一个20千米长、200米厚的含铁岩层。她欣喜若狂，中国人在南极发现铁矿了！她把一面五星红旗插在矿体上，对着茫茫冰原大声呼喊："祖国啊，为你的女儿骄傲吧！"

■故事感悟

金庆民是时代伟大的女性，在进行地质工作中身体力行，留下了艰辛的汗水。遭遇无数危险，她都没有退缩，并不断通过自己的工作为祖国争光。

■史海撷英

南极的石头，比钻石还珍贵

金庆民有一个女儿，名叫巫捷。在女儿的桌上，有一块黑乎乎的石头，这是金庆民生前从南极背回来的。说到这块石头，也有一段"小插曲"。巫捷回忆说，从南极回来后，因为母亲背的石头太多了，所以整个行李都超重，上飞机时放不了。母亲的第一反应，就是把自己的随身行李都扔掉，留下这些石头。作为一个科学家，在金庆民的眼里，南极的石头是最美的钻石，甚至比钻石还珍贵。

◉ 巾帼不让须眉

华怡（1941—1985），女，气垫船专家，江苏无锡人，1964年毕业于上海交通大学造船工程系，1967年毕业于上海交通大学流体力学专业研究生班，1965年加入中国共产党。历任中国船舶及海洋工程设计研究院技术员、工程师。她曾主持气垫船耐波性、稳性、围裙特性等的研究和试验工作，并取得成果。1985年中共上海市委授予其优秀共产党员称号。撰有《气垫船静水阻力估算方法》等论文。

华怡是我国气垫船女专家、优秀共产党员。在从事气垫船理论研究中，她倾注了全部心血和智慧，为我国气垫船事业的发展作出了重大的贡献。

1941年，华怡出生在一个知识分子家庭里，父亲是一位担任船舶设计的工程师。华怡决心继承父业，攻读流体力学。1968年，她研究生毕业后被分配到中国船舶工业总公司第七研究院，从事气垫船的研究和设计工作。

气垫船是一种依靠气垫升力，使船体抬离水面高速行驶的新型船

舶。它的出现，成为现代交通工具的一次革命。

刚刚跨出校门，对未来充满美好憧憬的华怡，一开始工作就接触这种新型船舶的研究设计，使她激动不已。她多么希望通过自己的努力，让气垫船在我国的江河湖海中腾飞啊！从此，她在气垫船事业这片荆棘丛生的科学天地里勇敢开拓，辛勤耕耘。

进所不久，华怡就参加了我国当时吨位最大的一艘全垫升气垫艇的总体设计，她几乎承担了设计过程中的全部性能计算。在模型试验阶段，她又主动承担了数据分析和撰写实验报告的任务，夜以继日地工作着。

人所共知，事业是知识分子的第二生命。华怡的时间、华怡的心血，以及她的整个生命，都倾注在为事业的奋斗之中。课题的研究，图纸的编绘，数据的计算，论文、报告的写作，占据了华怡大部分的时间，连节假日都不休息。她懂俄文和英文，还自学日文，这一切全靠她的刻苦勤奋。

经过多年的努力，我国气垫船的研究和设计能力已接近世界先进水平，并且先后设计出了四种型号的试用艇。然而，气垫船在我国还没有完全进入应用阶段。

"你们的设计水平并不低，但为什么在黄浦江上看不到你们自己的气垫船？"一位英国气垫船专家在参观了华怡所在的研究室后这样问道。华怡被强烈地触动了。

华怡心里十分清楚，目前妨碍气垫船进入广泛应用的原因，是"围裙"技术还没有解决。"围裙"直接关系到船的垫升高度、稳定性、适航性和越障能力。为了祖国气垫船事业的发展，她每时每刻都思索着要为气垫船设计一种最先进、最现代化的"围裙"。她站在斩关夺隘的最前列，开始向"围裙"技术的高峰攀登。

计算是"围裙"设计中的关键。早在1979年，华怡就与另一位同志大胆设想、周密论证，在国内首次建立了"二元囊指群的静态成形计算方法"。这一方法接近国际先进水平，并具有重大的实用价值。

每次海上试验，华怡都争着去。同志们希望她去，因为她观察仔细，记录认真，并能迅速拿出整理好的试验结果。但是，同志们又不忍心让她去，因为还处在试验阶段的气垫船在海上高速行驶，有时会出现险情，把测试人员摔得鼻青脸肿。况且，华怡从小就晕车、晕船，在试航中只要遇到风浪就呕吐不止。尽管如此，每次出航华怡都坚持上船。每次出航归来，她不休息，和大家一起检修"围裙"。烈日暴晒，蚊虫叮咬，她全然不顾，在用竹竿撑起的"围裙"里面，半躺着身子观察和记录。大家劝她休息，她说："我是研究'围裙'性能的，不了解'围裙'在使用中的损坏情况，怎么能设计好'围裙'呢？"

远大的理想融合在具体的事业中，什么艰难险阻都不在话下。华怡在执着地追求着。18年来，她怀着对国家富强的强烈责任感和使命感，在气垫船这块园地上年复一年地辛勤耕耘，不断地奉献，终于实现了她当年的愿望——为我国气垫船事业的发展作出突出的贡献。

1978年以来，由她编写和校对的四十多篇论文、研究报告，有不少已在国内外有关杂志上发表……

这些成果，每一件都凝结着华怡这个中华民族优秀女儿的心血和汗水，是她留给伟大祖国的宝贵文化财富。

■故事感悟

华怡是中国又一位"巾帼不让须眉"的伟大践行者。为了祖国科技事

业的发展，她将毕生精力都贡献于气垫船的研究上，为祖国留下了宝贵的财富。

■史海撷英

华怡夫妇心底无私

1983年夏天，研究所自建的住宅楼竣工了，住房困难的知识分子们对改善自己的住房条件充满了希望。同事们催促华怡："许多人都申请了，你怎么还不打报告？"华怡淡淡地一笑。熟悉华怡的人都知道，她过去一直住在母亲家里。23平方米的空间里，住着妈妈、弟弟和两个妹妹。结婚时，她选择了仅有5.2平方米的最小的一间，里边只能放下一张三尺半的单人床，一个写字台和一把椅子。爱人顾尔祚经常睡在地板上，两只脚伸到了写字台的下面。后来，顾老师干脆在学校的教师集体宿舍申请了一个床位，住到了学校里。

学校为了解决顾老师的住房问题，腾出了一间10.8平方米的住房，研究所也拿出了6平方米的一间房，通过调换，终于分了一间16.8平方米的房子给他。华怡感到不安了，她睡不着觉，想到同志们的住房条件都不太好，想到自己是共产党员，她觉得自己不能要这房子。住房的钥匙上交了三次，三次都被退了回来。华怡自己找到同事，把钥匙硬塞给他们，让他们先搬家，他们都拒绝了。这样，华怡才住了进去。

■文苑拾萃

气垫船

气垫船又叫"腾空船"，是一种利用空气的支撑力升离水面的船。这种船一出现立即受到全世界造船界的关注。1959年，英国制造出世界上第一艘气垫船，它从法国加莱出发，在两小时五分钟内成功地横渡了英吉利海峡，一时间轰动了世界。

气垫船的出现首先为各国海军所关注，继而各国不惜耗费巨资进行大量的研究和实艇试验，并集中研制气垫登陆艇。气垫船是目前实际应用最多的高性能舰船，至少有十几个国家的海军将其列入正式装备。

罗尔纲"十年磨一剑"

罗尔纲(1901—1997),著名历史学家,太平天国史研究专家,训诂学家,晚清兵志学家,中国社会科学院近代史研究所研究员。他主要从事太平天国史与晚清兵制史的研究,先后完成并出版学术专著四十多种,发表论文四百余篇。他的主要论著有《太平天国史》《太平天国史论文集》(十集)、《李秀成自述原稿注》《湘军兵志》《绿营兵志》等。

新中国成立后,新一代的太平天国史学者几乎都是在罗尔纲的启迪和扶持下成长起来的。太平天国史研究之所以花繁叶茂,郁郁葱葱,与他的心血浇灌是分不开的。太平天国史研究成为中国近代史,乃至整个史学研究领域中最为突出、最有成就的专门学科之一,也与罗尔纲的努力与贡献分不开。

罗尔纲是蜚声海内外的太平天国史专家,也是晚清兵制史研究、金石学、文博学和校勘学兼长并擅的知名学者。他的论著达三十多种,约计逾七百万字,堪称是著作等身、贡献卓越。罗尔纲治学的突出特色之一,是他勤奋不懈、锲而不舍、坚持到底的精神。正如谚语所说,"十年磨一剑"，罗尔纲做到了。当年，他为了发掘太平天国史料，曾花了10年时间，寒暑无间地将南京图书馆七十多万册文史藏书逐次翻阅，使许多被蛛网尘封、极有价值的太平天国史料得以重见光明。

罗先生在治学上首先值得我们学习的是他"打破砂锅问到底"的求真求实精神。他在辨伪、校勘、订谬以及搜集、整理、编纂史料方面作出的令人惊异的成就，正是"打破砂锅问到底"的求知精神的体现。其中罗先生在南京图书馆"资料摸底"，从而搜集到1200万字资料的创举就是一个真实、生动的例子。

罗先生在治学上值得我们学习的还有他不囿成说、努力开拓创新的精神和孜孜不倦、锲而不舍的献身精神。罗先生治史前后70年，在这漫长的岁月中，任凭时势变迁、世道沧桑，他总是以治史为己任，坚守岗位、勤奋工作。他早年撰写的几部著作，就是在抗日战争时期颠沛流离的生活环境中完成的。新中国成立后，他不计名利、甘于寂寞埋头著书，成绩斐然。

在八年抗战的艰苦岁月中，罗尔纲怀着报国的忠诚，不顾日寇飞机的狂轰滥炸，在防空洞黯淡的灯光下坚持撰写《晚清兵志》（共6部）、《湘军兵志》《绿营兵志》等专著。书中叙述了曾、胡以来练兵治军的经验和得失，以资抗战时期振军兴旅、战胜敌人的参考。他爱国救亡的拳拳赤子之心，都融注在那浓墨染遍的篇章里。

20世纪50年代初，罗尔纲在南京一手创办了南京太平天国博物馆。但当正式任命他为馆长时，他坚辞不就，宁愿接受范文澜所长之聘，到近代史研究所来做一名普通的研究员。后来，他担任过两届全国人大代表，两届全国政协委员。虽不能推辞，遇到活动，却很不适应，以至不再参加政协的活动。他对于学术研究却始终追求，终身不悔。正是这种精神，造就了一代大学问家。

作为一个在国内外享有盛誉的学者，罗尔纲突出的成就是在太平天国史研究领域。他是我国太平天国史研究的奠基人。

■故事感悟

"十年磨一剑"，罗尔纲的成就与他勤奋不懈、锲而不舍、坚持到底的精神息息相关。一个把自己的发展成就与祖国命运紧密联系在一起的人，是我们应该铭记的，更是我们学习的榜样。

■史海撷英

太平天国运动

1850年11月，洪秀全在金田村内的韦氏大宗祠举行拜上帝仪式，并宣布国号为太平天国。1851年12月在广西永安封王建制。

1853年，太平天国进行北伐、西征、东征。北伐军由于孤军深入，给养不足，加之气候因素而失败。东征、西征却取得重大胜利，太平天国进入强盛时期。之后，"天京事变"使太平天国元气大伤，虽然洪秀全起用陈玉成、李秀成等青年将领，取得一些成就。但由于农民阶级的局限性，加上封建反动势力和外国反动势力的共同镇压。1864年，轰轰烈烈的太平天国运动失败。

太平天国运动是中国历史上规模最大的农民起义，历时17年，规模发展到18个省，沉重地打击了腐朽的晚清王朝统治。

■文苑拾萃

南京太平天国历史博物馆

南京太平天国历史博物馆是中国收藏保管、陈列宣传、调查研究太平天国文物史料的专题性博物馆，在江苏省南京市瞻园路，由太平天国史学家罗尔纲等在 1950 年 12 月主持筹建。1956 年 10 月 1 日，在堂子街太平天国某王府遗址成立太平天国纪念馆。1958 年 5 月，迁至瞻园路。1961 年 1 月，改名太平天国历史博物馆。该馆建筑具有中华民族风格，展厅西部的瞻园是南京城里独有的古典园林，系明初中山王徐达府邸花园部分。清代改藩署。太平天国时期，曾是东王杨秀清王府和夏官副丞相赖汉英衙署，后为幼西王萧有和王府。

第四篇
想到没有做不到

而立之年始读书

张充（449—514），字延符，南朝吴郡吴（今江苏苏州）人。南朝齐时任侍中，梁武帝时任尚书仆射，任职时间前后十年。年轻时，因家庭条件优越，养成一副纨绔子弟样；然而30岁以后，他痛改前非，发愤苦读，博览经史，最终成为《老子》《周易》的专家。其为官期间，关心百姓疾苦，体察民情。

29岁之前，张充在人们的印象中是个不学无术、游手好闲、放荡不羁、贪图享乐的人。对于张充的表现，人们背地里说："纨绔子弟，不过如此。"

张充的父亲张绪是南朝萧齐时期的名臣，曾担任过中书令、国子祭酒、吏部尚书、金紫光禄大夫等重要职务。他为人谦和，饱读诗书，很受人们的敬重。但是儿子张充不争气，不但不愿意读书，更不讲究个人的品德修养，唯独喜好玩耍飞鹰走狗、打猎玩乐。人们都说，"子不教，父之过"。张绪只顾在京城做官了，没有闲工夫管教自己的儿子。其实张绪在京城为官，的确很少回家，管教儿子更是有心无力。

有一次，张绪从京城回来，刚进县城西门，正巧碰上要出城打猎的张充。张绪看见这时儿子的打扮非常气恼，只见张充左臂套着皮套袖，肩膀上停着只精神抖擞的猎鹰，右手牵着条瞪大了眼睛的猎狗。张充见父亲从船上下来，实在躲不过去了，只好硬着头皮走了过去。放下肩上的猎鹰，脱下皮套袖，把猎狗交给随从，对父亲行大礼。

张绪强压怒火，冷冷地说道："你这一身担负两样劳役，真太辛苦你了！"听到父亲对自己的责备，张充的脸像变脸的戏法儿一样，红一阵，白一阵，心里不是滋味。

看见儿子表情上的变化，张绪以为，别看儿子年岁不小，但并非不可救药。于是，他狠狠地教训了儿子一顿，要他从此重新做人，改过自新，读书上进。

父亲对自己严厉的批评，使张充无地自容，羞愧万分，他跪在地上对父亲表示："我听说一个人三十而立，今年我29岁，我明年一定会变个样子。"

父亲听了儿子那幼稚的回答，哭笑不得，以为他已是冥顽不灵，只求他别再惹是生非。他喜欢做什么就由他去吧，根本不再对他抱什么希望。

虽然张绪对儿子不抱希望，但张充从此"修身改节"，努力克服自身的缺点，断然丢掉了鹰，弃了狗，扔掉了所有打猎的家伙，进了书斋，发愤读书，很快在学习上有了很大的进步。尽管张充起步较晚，但由于有年龄、阅历以及家庭环境等优势，对钻研知识、认识问题有很大的帮助。也就是这些原因，加上他而立之年才"立志"，一些文人与士大夫觉得他的突变很新鲜，出于好奇，便经常同他一起辩论各种哲理问题。张充博闻强记，口齿伶俐，与文人士大夫辩论问题总能有很好的表现，很快他的名声大了。后来，人们都说，张充的辩才可同他的叔叔张稷媲美。

张稷是当时有名的才子。人们拿张充同张稷比较，可见张充的进步很大。

后来，张充担任了吏部尚书，负责选拔人才工作。再后来又担任国子监祭酒，专门负责政府教育机构和最高学府的工作。由于他的政绩突出，因此也不断得到提拔和重用。

■故事感悟

"少不持操，晚乃折节，在于典选，实号廉平。"张充三十而立，大器晚成，给年岁稍大且有志于成才的人树立了榜样。

■史海撷英

侯景之乱

南朝梁武帝萧衍统治末年，东魏降将侯景发动了叛乱。南朝后期，门阀士族统治开始走向衰落。士族已经变为一个失掉统治能力的腐朽、寄生阶层，对于任何政治风浪的冲击，士族往往都缺乏起码的应变能力。侯景原为东魏大将，于梁武帝太清元年（547年）率部投降梁朝，驻守寿阳。不久起兵反叛，于太清三年（549年）攻破建康，梁武帝被困饿死。侯景进入建康后，悉驱城内文武，裸身而出，交兵杀之，死者3000人，又纵兵杀掠，交尸塞路。长期的腐朽寄生生活，造成了士族的极端脆弱和无能。他们肤脆骨柔，不堪行步；体羸气弱，不耐寒暑，坐死仓猝者，往往而然。侯景又陆续派军在三吴地区大肆烧杀抢掠，直到简文帝大宝二年（551年），才被陈霸先、王僧辩所击败。

南朝诗歌的发展

南朝宋、齐、梁、陈四代的文学，特别是诗歌，远比北方繁荣。南朝这一时期的诗歌虽然反映的社会现实比较狭窄，然而在艺术形式和技巧方面则有重要的进展，为唐诗奠定了基础。

南朝诗歌的发展分为三个阶段：第一阶段即刘宋时期，诗歌刚从东晋以来的玄言诗中解脱，"庄老告退，而山水方滋"；第二阶段即南齐和梁代的诗歌，以谢灵运、沈约等号为"永明体"的作家为代表；第三阶段即梁代中叶到陈代，诗风和"永明体"又有所不同。这个时期出现了以萧纲（梁简文帝）、萧绎（梁元帝）为代表的"宫体诗"。

足趾夹笔的乞丐

段成式（803—863），字柯古，晚唐邹平人，唐代著名志怪小说家。自幼即力学苦读，博学强记。其禅见洽闻，为时人所叹服，自言："成立以君子耻一物不知"，故他的博闻在唐代作家中是不多见的。成式曾任秘书省校书郎，吉州、处州、江州刺史，直至太长少卿。成式为官期间，曾为故里修七孔拱桥，架通南北之路。乡人为记段氏功德，遂将相邻的段、加、马、乔四村改名为"段桥"，并刊石立碑。

你听说过失去双臂也能写字，而且写得一笔苍劲有力好字的古人吗？唐代宗大历年间，东都（洛阳）西南天津桥的一个乞丐，就创造出了这样一个使人难以置信的奇迹。

这个乞丐还在孩提的时候，就被巨石压伤而截去了双臂，连穿衣吃饭都无法自理。随着年龄的增长，他看到别人都能到私塾里读书，心里十分羡慕。有一次，他听人讲了一个古代书法家在折断右臂后，知难而进，刻苦练字的故事。于是也下定决心要学书法，自食其力。

没有双臂，要学写字，所遇到的困难是不堪设想的。他开始时试着

用嘴巴咬住笔杆比画，但他还是没有办法将字写成。后来他又改用先咬着笔杆的上端，然后用右脚趾夹着笔身的方法学写。脚趾不像手指那样灵巧，夹笔时间一长，就会感到酸痛麻木，一酸痛就掉笔。因此他写半天字，就要拾笔数十次，弄得一身墨，满嘴黑。有人劝他不要自讨苦吃了，但他面对着困难还是坚持苦练。俗话说，"有志者，事竟成"。无数次的失败使他摸索到了通向成功的道路。

数年后，他用脚趾夹笔写字的速度和水平竟然赶上了一般的书家。于是他就在街头设摊卖字度日。他写字的时候，喜欢将笔向上抛起一尺多高，然后用脚趾准确地接住，从不失误。当过路的人看到他当众在宣纸上写出一行行工整规矩的楷书时，都为他那勤学苦练的精神所感动，也为他那一身绝技所赞叹！有个叫段成式的学者，在东都天津桥畔目睹了这个乞丐的足书后，就欣喜地把他的事迹写进了自己的《酉阳杂俎》一书之中。

■故事感悟

乞丐失去双臂却不为困难所败，仍能用脚练字。乞丐这种刻苦的精神值得人们学习。当代社会也有很多残疾人的英勇事迹值得我们赞扬、学习。古人尚且如此，后人更应该有这种坚韧不拔的毅力。

■史海撷英

唐末的政治环境

安史之乱后，唐朝元气大伤，国力由盛转衰。此时均田制已经逐步瓦解，土地兼并现象日趋严重，租庸调制也无法实行，藩镇割据的形势已经形成。

唐代宗时，刘晏改革盐法，改善了国家的财政状况。唐德宗又任用杨炎为宰相，于建中元年（780年）开始实行两税法，一年分夏、秋两季依土地征税。唐德宗还力图平藩，但是引起朱滔、李希烈、朱泚等人的叛乱，结果发生了奉天之难。战争持续了五年，最后虽然朱泚和李希烈等败死，但是唐朝却与其余藩镇妥协，条件是取消王号，朝廷承认他们在当地的统治权。从此割据局面进一步恶化。

■文苑拾萃

三十六体

李商隐、段成式、温庭筠的诗歌由于风格相近，且都排行十六，故并称为三十六体。

"三十六体"的说法最早见于《新唐书·文艺下·李商隐传》："商隐初为文，瑰迈奇古，及在令狐楚府，楚本工章奏，因授其学。商隐俪偶长短，繁缛过之。时温庭筠、段成式俱用是相夸，号'三十六体'。"而在《旧唐书·文苑下·李商隐传》中，却只有"与太原温庭筠、南郡段成式齐名，时号'三十六'"的说法，没有视其为一个文体流派。从元代辛文房（《唐才子传》）开始，后世多将"三十六体"视为一个确定的概念。

对于"三十六体"的内涵，有多种不同的说法。有人认为是指一种诗歌的风格流派，有人认为是指骈体文的风格流派，也有人认为这种风格既包括诗歌也包括骈体文。陈冠明分析了历史上对此的各种观点，认为"三十六体"是宋祁总结和认定的李商隐、温庭筠、段成式三人的骈体文流派。

译界泰斗林纾

林纾（1852—1924），中国近代著名文学家、小说翻译家，原名群玉、秉辉，字琴南，号畏庐，别署冷红生，晚称蠡叟、践卓翁、六桥补柳翁、春觉斋主人。室名春觉斋、烟云楼等。他是福建闽县（今福州）人。光绪八年（1882年）举人，官教论。工诗古文辞，以意译外国名家小说见称于时。

林纾出生在一个小商人家庭。父亲林国铨早先随盐官办盐务，当时家庭生活还比较宽裕。但到林纾五岁的时候，他父亲租了两条旧船运盐，企图靠贩盐发财。结果，事与愿违，不但没发财，船却触礁沉没了。血本无归不算，还得将家里的财产拿出去赔偿。就是因为这个原因，林纾家陷入困境，没饭吃成了林家常见的事情。林国铨远去台湾，另谋生计，想重新发财，以重整家业，希望过上丰衣足食的好日子。

林纾的外婆十分疼爱这个聪明伶俐的小外孙，见他成天因饥饿而哭泣，就让林纾到她家吃饭。其实，林纾外婆家也不富裕。新鲜的荔枝下来，外婆没钱买，就用自己身上的褙子给外孙换荔枝。外婆看着外孙香甜地吃着荔枝，对他说："孺子即获尝荔，当知他人啖荔，其甘亦止是，无足羡也。孺子不患无美食，而患无大志。"外婆告诉林纾这样的道理：别人吃着甘甜的食物，并不足以羡慕。为人，不怕贫穷，就怕没有远大的志向。

林纾从8岁开始读书，虽然家贫，但他牢记外祖母的教诲，勤奋学习。家里没钱买书，他就把母亲给他买食物的零钱积攒起来，到城里买了一部残破的《汉书》，不几天又买了一部《小仓山房尺牍》，认真地阅读起来。他在叔父的书箱子里翻到《毛诗》《尚书》《左传》《史记》，更是像得了宝贝一样爱不释手，日夜诵读。舅舅见他这样好学，特地送他一部《康熙字典》。他在墙壁上画了一口棺材，旁边写着"读书则生，不则入棺"。他小小年纪，竟然发了毒誓，可见他对读书认识深刻。

林纾11岁的时候，私塾老师告诉他，欧阳修的古文和杜甫的诗歌都应该熟稔，这样可以长知识，胸襟也能够开阔。听了老师的告诫，林纾读书越发入迷。他用零花钱购买残破古书来读，古书积攒逐渐多了起来。他发现许多古籍存在讹传或错误，就动笔校阅。林纾结识了藏书丰富的李宗言弟兄两个之后，把他家的三四万卷藏书读了个遍。

林纾博览群书，既积累了丰富的知识，又练出了一手好文笔，这为他日后从事外国小说翻译工作打下了坚实的基础。

1897年，林纾的朋友王寿昌从法国留学回来，请他翻译法国作家小仲马的长篇小说《茶花女遗事》。林纾虽然不懂外文，但由王寿昌口授，林纾用浅显古雅的文言文笔录，较好地完成了翻译工作。林纾翻译的《茶花女》笔触凄婉缠绵，很具感染力。小说出版以后，立刻受到了读者的热烈欢迎，很快就风行海内。著名翻译家严复对林纾翻译的评价是："可怜一卷《茶花女》，断尽支那荡子肠。"

后来，受严复、梁启超等人提倡用小说来推动社会改良、政治演进和道德教育的思想影响，具有强烈爱国主义思想的林纾面对八国联军入

侵北京，清政府签订了丧权辱国的《辛丑条约》，中国完全陷入半殖民地半封建深渊的社会现实，他用66天翻译了《黑奴吁天录》（原名《汤姆叔叔的小屋》），以此唤醒国人。

从此，林纾翻译小说一发不可收，每年都有翻译作品问世，有一年竟出版了16部小说。他的翻译作品，不仅文笔典雅优美，而且速度极快。经过数十年的辛勤劳动，他先后将英国、美国、法国、比利时、俄罗斯、西班牙、挪威、瑞士、希腊和日本等十几个国家几十位作家的作品翻译成中文，共计183种。

林纾是我国翻译小说的奠基人。他的翻译作品不仅在清末民初的中国文坛产生了很大影响，而且对五四时期新文学的孕育和萌芽也起了重要作用。鲁迅、郭沫若、茅盾等五四新文学的主要作家早年都爱读林纾的翻译小说。

晚年的林纾回顾自己的学习经验时这样说："力学是苦事，然如四更起早，犯黑而前，渐渐向明。好游是乐事，然如傍晚出户，趁凉而行，渐渐向黑。"这句话的意思是，读书苦学，如同四更天早起的行者，虽然初始前面是黑暗，但走向的是光明。闲散地游荡，虽然可能轻松愉快，却如同初始傍晚，走来走去，前面就渐渐黑透了。这样，光明也就难以见到了。

故事感悟

林纾"非但经、子、史籍，凡唐宋小说家言也无不搜括。后由博览转为精读。对生平所嗜书，沉酗求索，如味醇酒，枕籍至深"。正是这种嗜书如命的精神驱使着他为后人留下一大批宝贵的文化遗产。至此，他被公认为中国近代文坛的开山祖师及译界的泰斗，并留下了"译才并世数严林"的佳话。

新文化运动

　　新文化运动是指20世纪初反对封建文化的思想启蒙运动，是学术界一种革新运动。1919年5月4日前夕，陈独秀在其主编的《新青年》刊载文章，提倡民主与科学，批判中国封建文化，并传播马克思主义思想；以胡适为代表的温和派，反对马克思主义，支持白话文运动，主张以实用主义代替儒家学说，即为新文化运动滥觞。在这一时期，陈独秀、胡适、鲁迅等人成为新文化运动的核心人物，这一运动成为五四运动的先导。

林纾的古文论

　　林纾的古文论以桐城派提倡的义法为核心，以左、马、班、韩之文为"天下文章之祖庭"，以为"取义于经，取材于史，多读儒先之书，留心天下之事，文字所出，自有不可磨灭之光气"。同时，林纾也看到了桐城派的种种弊病，反对墨守成规，要求"守法度，有高出法度外之眼光；循法度，有超出法度外之道力"。并提醒人们，"盖姚文最严净。吾人喜其严净，一沉溺其中，便成薄弱"；专于桐城派古文中揣摩声调，"亦必无精气神味"。他认为学桐城不如学左、庄、班、马、韩、柳、欧、曾，并以为在学习中应知变化，做到能入能出。"入者，师法也；出者，变化也。"

林则徐治水

　　林则徐（1785—1850），汉族，福建省侯官（今福州市闽侯县）人，字元抚，又字少穆、石麟，晚号侯村老人、侯村退叟、瓶泉居士等。他是中国清朝后期的政治家、思想家和诗人。官至一品，曾任湖广总督、陕甘总督和云贵总督，两次受命为钦差大臣。因其主张严禁鸦片、抵抗西方的侵略、坚持维护中国主权和民族利益而深受全世界中国人的敬仰。史学界称他为近代中国"开眼看世界的第一人"。

　　林则徐为官40年，历官14省，从事过很多工作，并取得惊天动地的伟业，其中治水是他从事最久也是取得辉煌成就的一项功绩。他的足迹遍及黄河、长江、淮河、太湖、伊犁河以及福州西湖；他担当的职务，用现代的称谓，包括了总指挥、规划总工程师、设计总工程师、施工总工程师、监理总工程师以及包含投融资在内的总会计师。他所领导修建的水利工程都取得了成功，效益卓著，历史上还没有一个人像他那样涉足如此多的领域，参与如此多的工程，担当如此多的角色，展现如此多的丰功伟绩。所以说他是近代大禹、水利大家，可谓实至名归。

早在林则徐担任京官时，就"究心经世学"，特别注意京畿一带的农田水利。他广泛搜集元、明以来有关畿辅水利的奏折和著述，写成了著名的《畿辅水利议》，认为南粮北调，须经漕运，既耗费巨大的人力物力，又给贪官污吏中饱私囊之机，极大地增加百姓负担和国库开支。因此他提出"畿内（北京地区）艺稻为天下之本务"，而要在京畿推广水稻种植，必须兴修水利。具体地说："经画水田，要在尽力沟洫……沟洫修而田制备，田制备而地中之水无一勺不疏如血脉，水旁之地无一亩不化为膏腴。"这当然只是理想化的蓝图，但毕竟抓住了"开治水田有益国计民生"作为农业大国的根本。

林则徐任江苏巡抚前后，江苏连年遭受洪涝灾害，林则徐耳闻目睹"哀号之声，颠连之状"，更坚定了下大力气整治水利的决心。正如他自己反复说的"蠲赈之惠在一时，水利之泽在万世"，"水利之废兴，农田系焉，人文亦系焉"。终林则徐一生，历官之所，无不心系水利，且卓有成效，造福一方。这绝非偶然，而是有"治国必治水，治水以安民这种一以贯之的民惟邦本"作为坚实的思想基础。

林则徐治水的每一个环节——从勘测、设计、施工、监督、检查到验收，他都身体力行，而且部署周密、环环相扣。他亲力亲为、鞠躬尽瘁的精神在黄河堵口和新疆修建引水渠的工程中得到最充分的体现。

林则徐在戍边途中，黄河开封段决口。汹涌的洪水，加上连绵的淫雨，使豫皖五府二十三州一片汪洋。严峻的形势使东河总督文冲等权臣竟集体反对堵口，放弃开封，迁居于洛阳，另立省城。在一些大臣和民众的压力下，皇帝不得不派重臣王鼎主持堵口。王鼎是位正直的清官，但没有治河经验，他推荐林则徐襄办堵口，以期在完成堵口大业后能使林免戍边陲。林则徐的不少朋友力劝林不要参与堵口，理由有二：严峻的水情和窘迫的财情使人望而生畏，若堵口失败，肯定罪加一等；若堵口成功，必遭

嫉恨者更多的谗言。林则徐谢绝了朋友的好意，他在给朋友的一首诗中写道："尺书来汛汴堤秋，叹息滔滔注六州。鸿雁哀声流野外，鱼龙骄舞到城头。谁输决塞宣房费，况值军储仰屋愁。江海澄清定何日，忧时频倚仲宣楼。"正是这种忧国忧民之心，使他不顾个人安危，毅然赶往堵口现场。

林则徐日夜兼程，"抵工后殊形疲惫"，但立即投入抢险，随同王鼎"朝夕驻坝"，"日夜坐与士卒同畚锸"，以至"奔驰成疾，既发鼻衄，又患脾泄"，"作咳已阅月余，遂至声哑"，终于襄助王鼎完成了堵口大业。

林则徐以"苟利国家生死以，岂因祸福避趋之"的高尚情操，即使流放到新疆，仍忘我地投身于边陲的水利建设。为了更好地屯垦阿齐乌苏荒地，要修建一条大渠，林则徐自捐俸银，实地勘测选址，亲自设计，带领民工施工，完成了阿齐乌苏灌区主渠道最艰巨的渠首工程，安全使用了123年，直到1967年新渠建成。正因为这条渠道，使当地世代受益而被人称为"林公渠"。当年林则徐拖着老迈的病体，行程两万里，历时十个月，勘察南疆垦田，其认真负责的作风，为边疆鞠躬尽瘁的精神，使人感动不已。

■故事感悟

"苟利国家生死以，岂因祸福避趋之。有容乃大千秋几？无欲则刚百世师。比武守疆驱虎豹，论文说理寓诗词。为官首要心身正，盖世功勋有口碑。"林则徐无论是禁烟还是从事水利建设，都鞠躬尽瘁，其精神感人至深。

■史海撷英

八宝鸭

林则徐任江苏按察使时，眼见鸦片害人，便下令江苏全面禁烟。他发现有人不理会禁令，继续吸食鸦片，便微服出巡，换上富商的服饰。他留意到一艘游船有一缕缕的轻烟飘起来，十分古怪，便召船家驶向游船。

林则徐为了试探船家，假装不耐烦地说："船家，前舱那东西很香，我何时才可过过瘾呢？"船家便捧出鸦片烟，让林则徐食用。林则徐脸色一沉，指着桌面的一道没骨菜问是什么，船家回答那是苏州船菜"出骨八宝鸭"，林则徐便回应："哼！你连'骨'（'骨'与'国'读音相似）也卖了！有像你这样的人，国家怎可富强起来？"船家这才认出眼前的富商就是下令江苏全面禁烟的林则徐。此事传遍苏州，也有人将这件事编成歌谣。而那道八宝鸭，亦因为林则徐而声名大扬，成为苏州名菜。

■文苑拾萃

国际禁毒日的由来

日趋严重的毒品问题已成为全球性的灾难，世界上几乎每个国家都在经受着毒品之害。1987 年 6 月 12 日至 26 日，联合国在维也纳举行关于麻醉品滥用和非法贩运问题的部长级会议，会议提出"爱生命、不吸毒"的口号。为引起世界各国对毒品问题的重视，138 个与会国家的三千多名代表一致同意将 6 月 26 日定为"国际禁毒日"。同年 12 月，第四十二届联合国大会通过决议，把每年的 6 月 26 日定为国际禁毒日。

目前，世界上有四大"毒窟"，分别是位于东南亚老挝、泰国、缅甸三国接壤的"金三角"地区，位于中、西亚的阿富汗、巴基斯坦、伊朗三国接壤的"金新月"地区和位于南美洲哥伦比亚的"银三角"和黎巴嫩的"第四产地"。

农学家王祯的贡献

王祯（1271—1368），字伯善，山东东平人。他生活在元朝初、中期，是一位农学家，曾做过几任县官。他的主要贡献是留下一部总结古代农业生转轮排字盘产经验的著作——《农书》。王祯关于木活字的刻字、修字、选字、排字、印刷等方法都附在这本书内。

王祯是元代杰出的农学家，也是印刷技术的改进者。

少年时，王祯一边学习，一边从事农业生产劳动。他对有关农业生产的知识和技术有较为浓厚的兴趣。后来做了官，也仍然关注着农业生产的情况。

元贞元年至大德四年（1295—1300），王祯在旌德、江西永丰任县官时，提倡农桑，注意公益。他一有闲暇时间，不是从先代典籍中收集有关农业生产及农械革新的材料，就是到田间观察庄稼的长势，到百姓家询问农业生产的具体情况。他主张要注意改良品种，改革农具。他认为，如果不在改进农业生产技术方面多下功夫，单是被动地接受天时、地利，要想提高粮食产量是很难的。如果不能积累粮食，遇到荒年欠收，百姓就要受饥饿之苦。那些到了死亡边缘的贫民为了生存就会铤而走险，攻打官府，抢掠财物。到那时，要再想恢复安定的社会秩序，就要花十倍的气力了。因此，他把抓农业生产作为治理地方的关键。他综合了黄河流域旱田耕作和江南水田耕作两方面的生产实践经验，并结合自己对农业生产的认识和体会，写成了22卷约30万字的农业生产著作《农书》。

王祯的《农书》分为三部分："农桑通诀"是总论性质，论述了农业生产发展的历史，基本思想是"以农为本"，综合天时、地利、人事方面的有利因素来发展生产。它概述了耕、耙、种、锄、粪、灌、收等农业生产的整个环节以及泛论林、牧、纺织等有关技术和经验。"百谷谱"谈的是栽培技术，是农作物栽培各论的部分，分项叙述了各种大田作物以及蔬菜、水果、竹木、药材等种植、保护等栽培技术以及贮藏和利用的方法。"农器图谱"篇幅最多，约占全书的80%，是本书的一大特点。"农器图谱"是在宋代农器记载基础上的进一步记录，共附图306幅，无论在数量上还是质量上都是空前的。不仅当时通行的农业机械形象被记录下来，甚至古代已经失传的机械也经研究绘出了复原图。如西晋刘景宣的牛转连磨、一牛转八磨，东汉杜诗的水排等。王祯还在描绘的水排图中将皮囊鼓风改绘成当时通行的"木扇"，为我国木风扇的出现提供了一个有力的佐证。

《农书》还描绘了当时处于世界领先地位的农村所用的若干机械，如三十二锭水力大纺车以及三锭脚踏纺车（棉纺），五锭脚踏纺车（麻纺）等。"农器图谱"展示了中国古代农业生产器具方面的卓越成就，后代的农书和类书所记农具的大部分内容都以《农书》为范本。王祯编著《农书》，是为了帮助和指导农业生产，这也是他一生对农业生产研究和探索的结晶。

由于对农业机械的改进很有兴趣，王祯渐渐地也开始关注其他方面

的机械革新。不管哪个方面，王祯只要感兴趣，就一丝不苟地去钻研。
自北宋平民毕昇改进印刷术后，泥活字印刷便开始推广，到元代时已有
了木活字。王祯看到排版者一范一范地摆字，很麻烦，他就想如果能用
机械辅助，那将是事半功倍的事。经过反复琢磨和亲身实践，他设计制
造出一种轮转排字架，活字依韵排列，排版时排字者坐着转动轮盘，就
能找到需要的字。大德二年（1298年），有人曾利用王祯发明的排字架
排印了《旌德县志》。

王祯还编著了《造活字印书法》，并将其附载在《农书》之末，这
是最早系统地记载并叙述活字版印刷术的文献。

▢故事感悟

王祯关注农业生产，对农业生产的经验和技术进行了认真的钻研和探
索，并依此而涉及其他方面，也取得了其他方面的研究成果。他的事迹告
诉我们，自然科学的各方面都有一定的内在联系，只要执着地去钻研，先
在一个方面突破，就可能获得多方面的成果。

▢史海撷英

王祯另一个发明——转轮排字盘

王祯在印刷技术上的另一个贡献是发明了转轮排字盘。即用轻质木材
作成一个大轮盘，直径约七尺，轮轴高三尺，轮盘装在轮轴上可以自由转
动。把木活字按古代韵书的分类法，分别放入盘内的一个个格子里。他做
了两副这样的大轮盘，排字工人坐在两副轮盘之间，转动轮盘即可找字。
这就是王祯所说的"以字就人，按韵取字"。这样既提高了排字效率，又减
轻了排字工的体力劳动，是排字技术上的一个创举。

史丰收创造的奇迹

史丰收（1956—2009），陕西省大荔县两宜镇人。1980年毕业于中国科学技术大学数学系，曾任史丰收速算法国际研究与培训中心主任、史丰收速算法研究所所长。他不但受到国际学术界瞩目，亦被列为中国的数学奇才。史丰收速算法的计算速度甚至比计算器还快，1990年由国家正式命名，现已编入中国大陆九年制义务教育《现代小学数学》教材和马来西亚国家正规教材。

史丰收，一个年仅23岁的学生，创立了"快速计算法"。在数字计算中，一律从高位数算起，运算简便、迅速，两个八位数相乘，一般只需要三四秒钟，就是按着电子计算器也很难超过他。他的"快速计算法"使中外各界为之震惊。

这一切似乎令人难以置信，但一切都是事实。这既不是祖传的，也不是书本上教的，更不享有特殊的社会环境。它记载的是史丰收求索攻坚、奋斗不息的艰辛历程。

1956年，史丰收出生在陕西省大荔县两宜镇一个农民家庭。幼年的史丰收对一切都充满好奇，爱动脑筋，常常向老师提一些谁也想不到

的怪问题。

小学二年级时，一次上算术课，老师正讲得起劲，可史丰收两眼发愣，看着老师在黑板上演算习题，忽然想出一个"怪"问题：这些数字人们读、写、看都是从左往右、从高位起的，而运算起来为什么偏要从右往左从低位起呢？要是有一种办法能从左往右算，将读、写、看、算一致起来该有多方便呢！说不定还能简化运算过程，直接就写出得数来呢！

他将这个想法告诉老师，老师也无法回答，只是鼓励他，只要有兴趣，可以发明创造。

从这时起，他向这个问题发起了进军。史丰收首先试验着从高位算一位数乘法。白天算，晚上算，他整天沉浸在数字的海洋里。

无数个日日夜夜的演算，千百次失败，带来了几次成功。史丰收看到了其中的一定规律，信心倍增。一次，他从公社营业员打算盘打二乘五时，将五去掉后，心中一亮，发现关键在于"进位"。

他进入演算的世界如痴如狂，终于摸索出了任何数乘以二至九的速算规律，并初步编成了一套算前位、看后位、提前进位的口诀，从高位算起，看见算式就可以直接写出得数。

史丰收的神速计算，引起当地教育局的重视。他被保送到西北大学附中，一面学习，一面研究计算法。

辛勤的汗水和专家的帮助，使他的研究突飞猛进。到高中毕业前夕，他解决了平方、开方的速算法，并全面系统揭示了从高位算起的"进位"和"相加"的规律性，总结出了一整套速算口诀。十三位以内的加减乘除和开方、平方，他能一口气报出答案，谱写了世界速算史上的新篇章。

高考制度恢复后，史丰收被中国科技大学破格录取。上了大学，他更是如虎添翼，不断补充和提高快速计算法，运用马克劳林级数解决了对数和任意角三角函数的快速计算问题。他出版的《快速计算法》，发行一千多万册。

■故事感悟

从科学技术进步来讲，史丰收速算法是教育科学史上的奇迹，对开发大脑智能具有重要意义；从个人成功励志来讲，史丰收面对难题敢于实践，并以持之以恒的精神奋斗前进，对后人产生了深刻的影响。

■史海撷英

"他的脑子比电脑快"

1987年10月，在联合国教科文组织大厦里，史丰收为参加大会的158个会员国的代表进行了速算表演。出第一道题的是斯里兰卡驻联合国教科文组织代表的夫人。当这位夫人把891876乘9写在黑板上，手中的粉笔还没有放下的时候，史丰收已经把答案写了出来：8026884。随后，裁判手中的计算器也显示出了相同的答案。接着一位非洲国家的代表出了一道用17个个位数字相加的题目，史丰收不假思索地就得出了答案，而裁判此时还在一个数一个数地在计算器上相加呢！黑板上又出了一道多位数相乘的题目：43879乘以7089。史丰收略加思索，得出了答案：311058231。而这时裁判手中只有8位数字的计算器，无论如何也显示不出9位数的答案，引起了在座观众的一阵大笑。担任裁判的印尼大使握着这位年轻速算专家的手风趣地说："我的结论是，你的脑子比电脑快！"